Karsten Demant
Die menschliche Gesellschaft
Ihre Gesetzmäßigkeiten und Triebkräfte

Karsten Demant

Die menschliche Gesellschaft

-

Ihre Gesetzmäßigkeiten und Triebkräfte

Bibliografische Information der Deutschen Nationalbibliothek: Die Deutsche Nationalbibliothek verzeichnet diese Publikation in der Deutschen Nationalbibliografie; detaillierte bibliografische Daten sind im Internet über dnb.dnb.de abrufbar.

Verlag: BoD · Books on Demand GmbH, In de Tarpen 42, 22848 Norderstedt
Druck: Libri Plureos GmbH, Friedensallee 273, 22763 Hamburg

ISBN: 978-3-7597-8355-4

Inhaltsverzeichnis

Vorwort

Was ist mit diesem Land los? Die gegenwärtige Entwicklung in Deutschland, Europa und der Welt ist bei einem großen Teil der Bevölkerung verbunden mit Misstrauen und Unverständnis bis hin zu einer kategorischen Ablehnung der gesellschaftlichen Umstände. Von seitens der politischen Machthaber und finanzstarken Kräften ist es eine bewusste herbeigeführte Destabilisierung in den einzelnen Gesellschaften. Welche vernünftigen, politischen und philosophischen Gedankenmuster sind eigentlich noch übrig geblieben, wenn man an Deutschland denkt? Das Land der großen Denker. Vom Ausland hoch geschätzt durch seine Werte wie Disziplin, Sauberkeit, Pünktlichkeit, gute Arbeit und Korrektheit. Von allen Seiten schaute man auf unsere Diplomlehrgänge und Ingenieursausbildungen. Was ist davon heute noch übrig geblieben? Mit sturem ideologischen Wahnsinn wurde alles zerstört. In diesem Zersetzungsprozess hat sich die Mehrheit der Bürger schon lange daran gewöhnt und sieht seine persönliche Ruhe als höchsten Maßstab an. Was sind die Beweggründe für ein solches Verhalten, welches bis zum politischen Desinteresse geht?

In der Schule wurden uns die klassischen Aufgaben eines Staates, die sich auf die Außenpolitik, unserer Verteidigung des Landes, einer unabhängigen Justiz, Gewährleistung der inneren Sicherheit und einer Verwaltung, die den Bürger zu dienen hat, gelehrt. Ihre demokratische Legitimierung erhält sie vom Bürger, dem Volkssouverän, um dann ihren Aufgaben zum Wohle des Volkes gerecht zu werden. Es heißt, „das Volk wäre der oberster Souverän und alle Gewalt geht vom Volke aus". Es ist ein Akt politischer Willensbildung und ein Prinzip eines demokratischen Rechtsstaates. Das ist in der Bundesrepublik ein verfassungsrechtlicher Grundsatz. Schaut man aber genau hin, ist eine Lähmung im politischen Handeln und einer ungenügenden geistigen Verarbeitung der bestehenden gesellschaftlichen Verhältnisse zu beobachten. Es ist kein Wille vorhanden, weder Innen- noch außenpolitisch, sich an einen Tisch zu setzen, um gewinnbringende Lösungen für die Bürger eines Landes und der Menschheit zu erringen, welches eine elementare Frage für unser Gemeinwohl und der Sicherheit der Menschheit bedeutet. Ständig sind die beteiligten mit den Ergebnissen unzufrieden oder lehnen gleich von vornherein Verhandlungen ab. Das ist keine gute Politik und dient nicht ihrer Sache. Sollte Politik nicht als eine Einheit zwischen ideellen-theoretischen und einer praktisch-organisatorischen Arbeit verstanden werden, die für alle Gesellschaftsmitglieder einen Nutzen zu bringen hat und nicht zum Selbstzweck für einen kleinen Kreis.

Wenn Politik aber nur so verstanden wird, wo nur noch die Vorstellung einer bestehenden Regierungskoalition zählt, sind üble Erscheinungen und Unruhe unter dem Volk eine notwendige Folge. Es werden hauptsächlich eigene politische Ansichten und Strategien mit allen zur Verfügung stehenden Mitteln durchgesetzt und als unantastbar gehalten. Die Politik ist nur noch die oberflächliche Leistung der gerade bestehenden Regierungskoalition. Ihr ganzes Tun wird nicht als nationale Aufgabe verstanden. Doch das ist für ein Volk eine fundamentale Frage des Lebens, da es die Existenz jedes Einzelnen berührt und wichtig für die Gesundheit unserer Gesellschaft ist. Politik darf keinesfalls nur aufgrund von Wünschen und Ansichten einer Gruppe oder Partei betrieben werden.

Unser Wertesystem ist so ausgelegt, dass die Freiheit der individuellen Lebensgestaltung nicht beeinträchtigt wird. Ein Grund, warum sich nichts Gemeinsames mehr finden lässt. Wird der Versuch unternommen, die heutigen politischen Machthaber zu Kennzeichnen, kommt man zu folgendem Ergebnis: es gibt keine sachverständige Beurteilung in den komplexer werdenden Regierungsentscheidungen mehr. Eine Tatsache, wo ihre Ursache in der ungenügenden Ausbildung ihrer Träger zu finden ist. Eine stupide politische Durchsetzung der eigenen Gedankenwelt, die zu einer gesteigerten ideologischen Primitivisierung von anstehenden Entscheidungen führt. Entscheidungen werden grundsätzlich der Meinung der regierenden Parteien unterworfen. Das ist schon erkennbar in der Art und Weise der Auswahl und den Aufstiegschancen ihrer Mitglieder. Alles wird dem Kriterium der Partei unterworfen. Bei Abstimmungen gilt Parteienzwang, welches eine Methode ist, die wir aus unserer eigenen Geschichte schon kennen. Die Resultate sind jedem bekannt. Vollkommene Unfähigkeit zur Beantwortung von Grundfragen unserer Zeit. Die Menschen wollen eine Perspektive haben und die Politik trägt die Verantwortung für ihr gelingen. Dazu gehören sozialer Fortschritt, eine Wissenschaft im Sinne des Menschen und eine politische Verantwortung für die Erhaltung des Friedens. Die tägliche politische Praxis, die der Bürger jederzeit erfahren darf, zeigt die Unfähigkeit unserer gegenwärtig bestehenden Regierung, eine wissenschaftliche Antwort auf Fragen nach Krieg und Frieden zu geben. Das einzige, wozu sie sich in der Lage fühlen, sind Waffen an andere Länder zu liefern, welches ein aggressives Verhalten fördert, statt einzudämmen. Sie wollen es nicht verstehen, das Frieden das höchste Gut der Menschen und die natürliche Lebensform aller Völker ist. Sie müssen wieder lernen, mit Gegensätzen zu leben. Ideologische Auseinandersetzungen sind in dieser Gesellschaftsform unvermeidlich, aber bitte in zivilen Formen austragen. Aus ideologischen Gegensätzen darf keine Friedensgefährdung erwachsen. Das Grundgesetz der Bundesrepublik Deutschland gibt da eine klare Richtung für die Politik.

Betrachtet man den politische Markt, so ist es ein Kampfplatz der miteinander konkurrierenden Parteien mit ihren eigenen Herrschaftsvorstellungen bisher gewesen, wo es nicht mehr um die Sache geht, sondern nur um die Gewinnung der Mehrheit der Stimmen. Heute zeichnet sich ein ideologisches Zweiparteiensystem ab, wo sämtliche Parteien gegen eine einzige Partei Front machen und jegliche demokratische Normen vermissen lassen. Ein Garant zur Durchsetzung einer eigenen Parteiideologie und deren Zielsetzung. Der Bevölkerung wird alles Mögliche an Versprechungen vorgegaukelt, wovon man hinterher nichts mehr wissen will oder sich an nichts mehr erinnern kann. Politische Entscheidungen werden auf eine Person konzentriert, die entweder von sympathischen oder unsympathischen Figuren abgestellt ist. Es ist nichts weiter wie Personenkult. Auch hier gibt es unrühmliche Beispiele in unserer eigenen Geschichte und anderen Länden in der Welt. Massenpsychologische Vorgänge und Praktiken treten sofort in den Vordergrund. Ein unverhülltes Auftreten der Politiker ohne jegliche Scham. Ihre eigentliche Arbeit mit den damit verbundenen Aufgaben und dem politischen Bekenntnis auf unsere Verfassung treten in den Hintergrund.

Ist der ganze Wahlzirkus vorbei, kommt die große Ernüchterung. Die Realität sieht dann so aus, dass der Kanzler die politische Richtung vorgibt, welche anschließend in den Parlamenten durch Parteienmehrheit durchzusetzen gilt. Von einer Interessenvertretung, die dem Bürger tatsächlich zugutekommt, ist weit und breit nichts zu spüren. Es geht nur noch um bloße Machtbehauptung mit starker ideologischer Färbung. Jeder wirft den anderem Unsachlichkeit vor und ist selber unbelehrbar. In letzter Zeit ist zu beobachten, dass man selbst vor moralischen und ethischen Grenzen nicht zurückschreckt. Der politische Gegner wird mit allen zur Verfügung stehenden Vokabular diffamiert, um ihn damit im Volke unmöglich zu machen. Dass es Grundsätze in der politischen Arbeit gibt, wo das Wohl des Volkes, der Friedenssicherung und dem Respekt des Andersdenkenden einzuhalten sind, interessiert die meisten Damen und Herren in der Politik einen Dreck. Der Staat als Überbau versagt und die Bürger dürfen alles bezahlen.

Das wäre der eine Teil unseres gesellschaftlichen Problems. Der andere Teil ist der große Einfluss privatwirtschaftlicher Unternehmen im Bundeswahlkampf und der Politik schlechthin. Hier werden politische Machtansprüche von Teilen der Wirtschaft durchgesetzt. Die Politik ist in einem kapitalistischen Gesellschaftssystem eng mit der finanzstarken Industrie und dem Finanzkapital verflochten, welches eine Klassenspaltung zur Folge hat. Die heutige Welt ist geprägt von der Macht des Kapitals und ihren politischen Handlangern. Große finanzielle Mächte sind am Werk. Interessen des Volkes werden ignoriert und das Gemeinwohl wird aufs Spiel gesetzt. Es ist ein Abhängigkeitsverhältnis der Politik zu anderen Mächten und nicht dem eigenen Volk gegenüber. Es agieren wirtschaftlich und ideologisch zusammengesetzte Gruppen von großen Kapitalmächten in der politischen Szene. Des Weiteren ist ein beständiger Abbau der Gewaltenteilung zu erkennen, der auch in der Justiz festzustellen ist. Die Parteibücher der Herrn Richter und Richterinnen sprechen eine deutliche Sprache. Dabei wäre es so wichtig, die Macht aufzuteilen und mit einer funktionierenden gegenseitigen Kontrolle auszustatten. Keine lockere Gewaltenverschränkung, sondern eine echte Gewaltenteilung ist notwendig. Eine Konzentration der Macht gegenüber dem Bürger birgt nichts Gutes in sich. Das hat uns die Geschichte der Menschheit bisher gelehrt.

Die Politiker tun alles, um die Bestandskraft unseres Landes zu zerstören. Nichts geschieht mehr im Interesse des Volkes. Ihr Verhältnis zur bestehenden Rechtsordnung ist gestört. Sachverstand in allen Fragen der Gesellschaft sucht man vergebens. Dabei hat der Bürger seine ganzen Lebens- und Sicherheitsinteressen in die Hände der Politik gelegt. Das Resultat ist die Zerstörung unserer wirtschaftlichen Leistungskraft, unseren Gewohnheiten und unserer Kultur. Es ist eine Züchtung einer Verachtung des Gemeinwohls, die zwangsläufig früher oder später zu gewaltigen Veränderungen in unserer Gesellschaft drängt. Schon allein die soziale Abfederung der Bürger hat sich verändert. Ihr Ursprung war als Arbeitslosenversicherung gedacht. Sie wurde geschaffen aufgrund der kapitalistischen Ausbeutung der arbeitenden Menschen durch die privatwirtschaftlichen Unternehmen, die nur einer Profitemacherei unterworfen sind. Ein Leben vom Müßiggang anderer hat heute Konjunktur, da es für etliche mehr Vorteile bringt als der Gang zur Arbeitsstätte. Dies betrifft hauptsächlich die ungelernten, schlecht qualifizierten Arbeitnehmer und unsere politisch gewollte neue kulturelle Bereicherung von außen, bei denen man sich vor gut ausgebildeten Fachkräften kaum retten kann. Wenn es viele Menschen in einer Gesellschaft gibt, die vom Müßiggang andere teilweise besser leben können als der Schaffende, dann ist in der Gesellschaft etwas nicht in Ordnung. Ständig wird der Fachkräftemangel beklagt und heult herum, dass es keine qualifizierten Arbeitskräfte gibt. Seit 2014 strömen Millionen Menschen aus anderen Ländern in unser Land. Da muss es doch Fachkräfte geben. Heute schreiben wir das Jahr 2024 und man hört immer noch dieselben Forderungen. Hier muss die Politik und die privatwirtschaftlichen Unternehmen ganz klar in die Pflicht genommen werden. Wieso bilden die Unternehmen ihre Fachkräfte nicht selber aus? Warum gibt es keine Schulung von Arbeitslosen, die wirklich unserer Gesellschaft einen Nutzen bringt? Hat man so viel Angst vor den Kosten? Oder ist es die Angst, eine Arbeitskraft für längere Zeit einen angemessenen Arbeitslohn bezahlen zu müssen? Ist das der Grund, dass Arbeitskräfte aus dem Ausland willkommen sind? Sind es letztendlich auch wirklich jene Fachkräfte, die wir wirklich brauchen? Was den Staat betrifft, so könnte man doch durchaus die Arbeitslosen und unsere neuen Arbeitskräfte von außen sinnvoll für das Gemeinwohl aller einsetzen. Stattdessen wird auf der Straße mit dem Handy in der Hand herumgegammelt oder findet einen Zeitvertreib bei einer Massenschlägerei in einem Schwimmbad. Sieht so unsere Zukunft aus? Wenn der Arbeitslose sein Recht ausübt, von Sozialleistungen zu leben, was er nur dadurch in Anspruch nehmen kann, da es Menschen gibt, die arbeiten gehen, muss es doch möglich sein, diesen Mitgliedern der Gesellschaft eine Pflicht aufzulegen, wo der Grundsatz gilt, wer Rechte besitzt, hat auch Pflichten zu erfüllen.

Die Politik hat hier die Rahmenbedingungen zu schaffen, dass solche Auswüchse erst gar nicht zutage treten. Mit welchen Fragen sich die Politik beschäftigt, sieht und spürt jeder. Seit Jahren fliegt dem Bürger der Begriff „Reformen" um die Ohren. Und? Sieht man überzeugende Veränderungen, die uns wirklich einen Nutzen bringen. Im Kapitalismus wird versucht, durch Reformen die bestehende Gesellschaftsordnung etwas zu modifizieren. Mehr aber nicht. Parteifunktionäre bis hin zu Ministern nutzen ihre Machtposition zum eigenen Vorteil. Beispiele gibt es in jüngster Zeit genug. Hat sich der Bürger wirklich schon an solche Umstände von Amtsmissbrauch und Nichteinhaltung des Amtseides gewöhnt? Es scheint, dass der Bürger nicht mehr in der Lage ist, seine ureigensten Lebensinteressen zu erkennen. Er wird für alles zur Kasse gebeten, aber die Damen und Herren in der Politik und Wirtschaft halten sich für so wertvoll, dass man sie aus allen Dingen heraushalten muss. Da fragt man sich, nach welchem Rechtsbewusstsein richtet sich ihr Grundsatz. Sind wir schon so weit, dass eine Verachtung unserer Rechtsordnung und Rechtsbindung das Maß der Dinge darstellt? Doch gerade die Einhaltung unserer Rechtsordnung und deren Rechtsbindung machen unseren Rechtsstaat aus. Es werden nur Aussagen, Überlegungen und Positionen zugelassen, die den politischen Machthabern genehm sind und in ihrer ideologischen Ausrichtung passt. Alles andere wird außer Acht gelassen und verleumdet. Man fordert sogar schon den politischen Gegner verbieten zu wollen. Was das betrifft, haben wir Deutsche ja schon einschlägige Erfahrungen gemacht. Die Medien heizen das Ganze noch an. Wer informiert, übt Macht aus. Dem Bürger werden die übelsten Figuren in Talk-Sendungen präsentiert. Da wird jede Gelegenheit genutzt, um den politischen Willen der Machthaber innerhalb der Gesellschaft auf Biegen und Brechen durchzusetzen. Die öffentlich-rechtliche Machtzentrale der Information, die vom Bürger so gern finanziert wird, ist vollkommen unkontrollierbar geworden. Hoch bezahlte Posten mit Personen und entsprechenden Parteibüchern sitzen hier am Hebel der Informationen, wo die Parteiideologie allgegenwärtig ist und man ständig vom Bürger immer mehr Geld verlangt. Die Besetzung des Personals spricht für sich. Wo bleibt die gute journalistische Arbeit? Es werden nur noch subjektive Wahrheitsempfindungen und politische Gesinnungssprüche der breiten Masse präsentiert, soweit es den Interessen der Machthaber genügt. Das hat nichts mehr mit Verantwortung zu tun, wo Propaganda bewusst mit der Wirklichkeit verwechselt wird. Selbst die Bürokraten in den Verwaltungen kann man zur politischen Sippe zählen. Sie haben nur interessenvertretende Argumente. Sie vergessen, dass der Arbeitgeber für jeden Beamten das Volk ist. Wie lange soll so etwas gut gehen? Das wird uns alle irgendwann den Todesstoß setzen.

Aus diesen genannten Gründen und Befürchtungen heraus habe ich den Versuch unternommen, eine Theorie zu beschreiben, wo die Menschen anfangen über ihr eigenes und gesellschaftliches Sein nachzudenken, warum die Dinge sich so gestalten und nicht anders.

1. Um was geht es? - Eine Einführung

Der interessierte Leser wird der Annahme sein, dass dieses Buch von der gesamten uns umgebenden Welt handelt mit all seinen Gesetzmäßigkeiten, die wir schlechthin Natur nennen. Es soll aber nicht das Allgemeine unser Betrachtungsgegenstand sein, sondern das Besondere, die menschliche Gesellschaft. Sie geht aus der Entwicklung der Natur hervor und gilt als der gigantischste qualitative Sprung in ihrer Entwicklung. Die menschliche Gesellschaft ist nur ein Teil der Natur, die eine ganz bestimmte Spezifika aufweist und eine ganz besondere eigene Form besitzt. Aus dieser Erkenntnis heraus, fassen wir die Entwicklung der verschiedenen Gesellschaftsformationen als einen naturgeschichtlichen Prozess auf. So manches merkwürdig Erscheinende und Wissenswerte über eine Gesellschaftsformation soll erklärt werden. Dinge, die einem bisher noch nicht aufgefallen oder bewusst geworden sind. Der eine oder andere wird neues dabei entdecken, obwohl er selber mittendrin im gesellschaftlichen Getriebe steht.

Es werden Gesetze untersucht, die nur einer menschlichen Gesellschaft eigen sind. Zudem wird der Anspruch erhoben, die Gesetzmäßigkeiten und ihre Triebkräfte ausfindig machen zu wollen und zu analysieren. Eine Gesellschaftsanalyse, die praktisch orientiert ist und die ökonomische und politische Wirklichkeit überprüft. Sie fragt nach der Funktionsweise, wie die verschiedenen Gesellschaften sich unter bestimmten Bedingungen verhalten und entwickeln. Eine wissenschaftliche Untersuchung von allgemeinen Gesetzmäßigkeiten einer menschlichen Gesellschaft. Es geht um das Sein, welches schon die alten Griechen zum Gegenstand ihrer philosophischen Untersuchung machten.

Es ist weniger das Denken oder das Bewusstsein gemeint, welches angeblich unsere Welt erschaffen kann, sondern das Sein der Menschen und deren innewohnenden Gesetzmäßigkeiten. Und da es sich um das Sein einer Gesellschaft handelt, nennen wir es das gesellschaftliche Sein. Es behandelt ein Thema, welches nicht nur ein Volk oder ein Land im Fokus sieht, da wir dann bei der Geschichtswissenschaft angelangt wären, den sie untersucht nur einen Teil, dass Spezifische eines Volkes. Man weitet in dieser Theorie den Blickwinkel aus und bezieht alle Völker auf unserem Erdball mit all ihren kulturellen Unterschieden und ökonomischen Entwicklungen in der Betrachtung mit ein. Man bezieht sich auf sehr große historische Perioden, die weit über das Leben einer Menschengeneration hinausgeht.[1] Durch den Menschen selber entstehen gesellschaftliche Verhältnisse und die Gesellschaft ist das Produkt seiner praktischen Tätigkeit. Durch das Praktische tätig werden des Menschen wird sie geschaffen und Tätigkeit hat letztendlich auch etwas mit Ökonomie zu tun.

Betrachten wir die einzelnen Länder auf dieser Welt, so sind verschiedene Entwicklungsstufen zu beobachten, die wir festmachen an Dingen, wie auf welcher Weise produziert wird, unter welchen gesellschaftlichen Verhältnissen die Produktion stattfindet und wie der herrschende Machtapparat mit seinen Ideen und Institutionen sich präsentiert und entsprechend handelt. Wir reden von einem bestimmten Typus einer Gesellschaftsordnung. Sie gibt Auskunft über den qualitativen Stand des gesamten Lebens des betreffenden Volkes und wie Produkte für die Bedürfnisbefriedigung der Menschen hergestellt werden. Gemeint ist die Arbeit, die Produktion und Reproduktion. Durch ihr gewinnt die menschliche Gesellschaft die Fähigkeit, die Natur zu verändern und im wachsenden Maße diese für die eigenen Bedürfnisse Nutzbar zu machen und zu beherrschen, so weit es dem Menschen in seinen Kräften steht.

Doch dies bedarf einer wissenschaftlichen Herangehensweise. An diesem Punkt kommen wir zum Gegenstand des Buches. Ein Aufzeigen einer Methode mit einer praktischen Anwendung auf das gesellschaftliche Leben der Menschen mit samt seiner daraus resultierenden gesellschaftlichen Entwicklung. Es geht um das Erkennen und richtige Anwenden objektiver Gesetzmäßigkeiten. Ein wissenschaftlich begründetes Denken und Handeln, welches eine richtige Bestimmung der Dinge gibt. Hat man sie verinnerlicht, entdeckt man neue Erscheinungen, Fakten, Prozesse und Gegebenheiten. Man wird in seinen Urteilen sicherer und hat einen besseren Blick für die zukünftige Gestaltung. Beherrscht man diese Herangehensweise nicht, ist es schwer, sich in der komplizierten Vielfalt der Erscheinungen des gesellschaftlichen Lebens und der historischen Geschehnisse zurechtzufinden.

Eine solche Unfähigkeit ist in der gegenwärtigen Phase unseres Daseins in Deutschland, Europa und vielen anderen Ländern zu beobachten. Man muss heute als Politiker nicht viel wissen. Es reicht schon ein gutes Gefühl

---

1   Vgl. Werner Müller und Dieter Uhlig: Gesellschaft und Bewußtsein, Dietz Verlag Berlin 1980, S. 22

für gewisse Dinge zu haben und eine entsprechende ideologische Gesinnung. Bemerkt man etwas, welches nicht dem ideologischen und parteilichen Geist entspricht, werden Verbote ausgesprochen oder man fängt an Reformen als Heilmittel zur Bekämpfung von Missständen ins Leben zu rufen. Wie sich die Sache dann entwickelt, wartet man ab. Deshalb läuft man beständig den Ereignissen in der Gesellschaft hinterher, da es an einer gut durchdachten Gesellschaftsstrategie fehlt. Schon Antisthenes soll zum Ausdruck gebracht haben, dass ein Volk nur Dummköpfe durch Handheben wählt. Empedokles lehnte sogar jegliche Art von Herrschaft ab. Den alten Philosophen ging es um das Streben der Menschen nach Glückseligkeit.

Es geht aber nicht um Verbote und einer ideologischen Befriedigung sowie der Anerkennung schöner Worte, sondern um das Verlangen einer richtigen Anwendung auf die Geschehnisse der Zeit. Etwas einfacher ausgedrückt geht es um eine wissenschaftliche Methode, die ein neues gesellschaftliches Handeln bewirkt und die Gesellschaft durch Wissen, Vernunft und Einsicht regelt. Ein rationales Erkennen und Handeln durch Wissen. Wo statt Schläue, Macht und Parteiideologie ein Nachdenken und der Beweis ausschlaggebend sind. Kein Spiel, nur um Privilegien teilhaftig zu werden, wo man mehr mit wahrscheinlichen Ansichten zu tun hat statt vollkommenen Wissen. Daher ist jedes Volk gut beraten, mehr auf die Handlungen der Politiker, als auf ihre Reden zu achten.

Das allgemeine Ziel soll die Erforschung der Wahrheit sein, damit man über die Dinge wahre Urteile fällen kann. Um dieser Aufgabe gerecht zu werden, ist eine bestimmte wissenschaftliche Methode unerlässlich. In den verschiedenen Gesellschaftsformationen müssen die Daseinsbedingungen der Menschen im Einzelnen untersucht werden, wo man die politischen, privatrechtlichen und religiösen Anschauungsweisen entsprechend ableiten kann. Dogmatismus und Schematismus wird abgelehnt genau so wie die Sammlung von abstrakten Thesen, Prinzipien und Vorstellungen, die ins Nichts führen. Die bürgerlichen Ideologen verabsolutieren diese theoretische Sichtweise, indem sie der Meinung sind, dass alles auf ökonomische Prozesse reduziert wird und sie erblicken hier sogar religiöse Züge in dieser wissenschaftlichen Herangehensweise. Einige bürgerliche Künstler können sogar die Welt ohne Theorien erkennen.

Es geht um die ganze menschliche Gesellschaft, sein Fundament, seine Basis, auf der sich ein politisch-ideologischer Machtapparat notwendigerweise erhebt. Das alles muss im Zusammenhang mit der konkret-historischen Situation betrachtet werden. Auch das gehört zu einer Gesellschaft. Die menschliche Gesellschaft ist ein sich ständig entwickelnder lebendiger Organismus, indem die ökonomischen, politischen und geistigen Verhältnisse eingeschlossen sind. Macht man sich die Geschichte der Gesellschaft zu eigen, ist festzuhalten, dass eine Gesellschaft streng gesetzmäßigen Prozessen unterworfen ist. Die Menschen sind bestrebt, ein einigermaßen vollständiges Bild von den wirkenden gesellschaftlichen Gesetzen und ihrer Wirkung zu bekommen. Dazu brauchen sie eine Methode, eine wissenschaftliche Theorie, die sich mit der gesellschaftlichen Entwicklung auseinandersetzt. In der heutigen zugespitzten, von einigen Politikern und Medien überspannten herbeigeführten Situation auf der Welt, die alle Völker betrifft, ist das politische Agieren der einzelnen Machthaber für uns alle sehr gefährlich. Durch ideologische Unbeweglichkeit, Dumpfheit, Starrsinnigkeit, Selbstüberschätzung, Machtgeilheit, ideologischer Verbohrtheit und ungezügelter Profitgier werden Situationen hervorgerufen, die auf längere Zeit nicht beherrschbar bleiben und die Menschheit in eine äußerst gefährliche und existenziell bedrohliche Situation drängt. Die Aufgabe der Politik ist es, Kriege zu verhindern und nicht zu forcieren. Sie hat eine Verantwortung, dass mit einer friedliebenden Gesinnung die Welt weiter ausgebaut und für uns alle bereichert wird. Die Politik hat einen Auftrag in der Gesellschaft zu erfüllen. Die Frage hierbei ist nur, in welcher Richtung sie ihre Aufgaben heute sieht. Ist es der Profitorientierung und maßlosen Bereicherung einzelner oder ist sie dem Wohle des Volkes untergeordnet. Nur mit der Benennung bestimmter Erscheinungen, gesellschaftlichen Übeln und geistreichen Bemerkungen ist keinen geholfen. Eine genaue Analyse bestimmter gesellschaftlicher Vorgänge steht im Vordergrund, wo entsprechend reagiert werden muss. Nur im Begreifen, warum die Dinge und Abläufe so sind und nicht anders, warum verfolgt es gerade eine solche Entwicklung und keine andere, all das stellt eine vorwärts strebende Kraft dar. In der Menschheitsgeschichte musste vieles revidiert, ergänzt, erweitert, verändert oder neu geschaffen werden. Um so eine große Aufgabe bewältigen zu können, ist man gezwungen, sich von konservativen Denkmustern zu lösen und einer zur Wirklichkeit gehörenden Auffassungsweise sich nähen. Doch dazu muss man erst einmal etwas Lernen und gut denken. Denken ist keine Glückssache, sondern eine Übungssache. Umso mehr man lernt und übt, desto weniger Fehler macht man. Das Denken wird geschult und gibt uns die Möglichkeit, einseitige und subjektive Betrachtungen der Dinge, sowie wirklichkeitsfremde Wunschvorstellungen in der Politik auszuschließen. Es wird der Blick für das Wesentliche geschärft.

Zusammenfassung
- Es wird nicht das Allgemeine, sondern das Besondere untersucht. Die menschliche Gesellschaft, die eine bestimmte Spezifika aufweist.
- Die menschliche Natur ist nur ein Teil der Natur. Deshalb wird die menschliche Gesellschaft als ein naturgeschichtlicher Prozess aufgefasst.
- Es ist eine wissenschaftliche Untersuchung einer menschlichen Gesellschaft mit all ihren innewohnenden Gesetzmäßigkeiten und Triebkräften (gesellschaftliches Sein). Damit ist man in der Urteilskraft sicherer und bekommt einen besseren Blick der Dinge.
- Das Erkennen objektiver Gesetzmäßigkeiten und ihrer gesellschaftlichen Vorgänge, warum die Entwicklung so abläuft und nicht anders, gibt die Möglichkeit einer richtigen Anwendung auf die Geschehnisse.
- Es ist eine Gesellschaftsanalyse, wie sich die einzelnen Gesellschaften unter bestimmten Bedingungen verhalten. Eine praktische Orientierung und Überprüfung der Wirklichkeit. Man will wissen, was los ist. Deswegen werden die Daseinsbedingungen auf das Genaueste untersucht. Die ganze Gesellschaft, ihr Fundament, ihre Basis und dessen Machtapparat, die sich über die ganze Gesellschaft erhebt.
- Die menschliche Gesellschaft ist ein lebendiger Organismus. Durch das Handeln der Menschen entstehen gesellschaftliche Verhältnisse. Der dabei entstehende Entwicklungsstand ihres gesamten Lebens, der einen bestimmten Typ einer Gesellschaftsordnung ausmacht, ist der Gegenstand dieser Untersuchung.

- Sie ist das Produkt der menschlichen Tätigkeit. Mit der Arbeit formen die Menschen die Natur für ihre eigenen Bedürfnisse um.

2. Gibt es ein Problem mit dem historischen Materialismus?

Was ist unter dem historischen Materialismus zu verstehen? Was ist sein Wesen und was wird untersucht? Der historische Materialismus ist eine wissenschaftliche Herangehensweise zur Erkenntnisgewinnung über die ökonomischen Ursachen und deren Wirkung einer zu erforschenden Gesellschaftsformation. Eine Wissenschaft von den allgemeinsten Entwicklungsgesetzen der menschlichen Gesellschaft, eine philosophische Ausdehnung und Anwendung auf die Gesellschaft. Der historische Materialismus ist der Inbegriff einer Wissenschaft voller umstrittener Probleme von einem gewaltigen Umfang und stellt eine Arbeitsbeschaffungsmaßnahme für die bürgerlichen Experten und Spezialisten oder wie sie sich auch noch so nennen mögen dar. Man besitzt eine ideologische Scheu gegenüber dem historischen Materialismus. Dabei ist er nichts weiter, als eine Wissenschaft von den allgemeinen Gesetzen, Tendenzen, Widersprüchen und Triebkräften einer Gesellschaftsentwicklung. Das ganze Bestreben liegt in einem Analysieren der Dialektik von materiellen Grundlagen des gesellschaftlichen Seins in seiner ganzen organischen Einheit der Zivilisation. Der Sinn liegt in der Erschließung gesellschaftlicher Entwicklungsgesetze. In dieser Betrachtung stellen sämtliche Beziehungen zwischen Mensch und Umwelt oder Gesellschaft und Natur ein weiteres Grundgerüst dar. Und da es hier um uns geht, dem Menschen, ist es ein globales Problem der Zivilisation. Die Kenntnis von den allgemeinen wirkenden Gesetzen in einer Gesellschaft bedarf einer großen Kenntnis, wie gesellschaftliche Gesetze funktionieren. Doch leider gibt es in der heutigen Zeit bestimmte Gruppen, die im Denken und Werten diesen Anforderungen in keinster Weise gerecht werden.

Von vielen wird er missverstanden als eine Methode der Geschichtsforschung. Dabei handelt es sich nur um eine wissenschaftliche Entdeckung, wo die Produktion und die Reproduktion des unmittelbaren Lebens der Menschen als das bestimmende Moment herausgefunden wurde. Von dieser Entdeckung geht diese Forschungsmethode aus. Die sogenannten Experten und Spezialisten beurteilen den historischen Materialismus als

Hirngespinst und stellen seit seiner Entdeckung ganze Armeen auf, um alles zu widerlegen, was für sie zu widerlegen gilt. Die Rolle der Persönlichkeit würde man leugnen, Klimaprobleme und Rassenfragen würde man vernachlässigen und den Menschen als ein natürliches Wesen betrachten. Was diese Experten und Spezialisten immer wieder vergessen, dass der Mensch nicht nur in der Natur lebt, sondern in einer Gesellschaft. Und eine Gesellschaft hat nun einmal bestimmte Eigenschaften. Das ist ein wesentlicher Unterschied. In der Natur wirken blinde Faktoren in der Gesellschaft eben nicht. Die Gesellschaft ist geprägt von den Menschen mit Bewusstsein und Wille. Alles was die Menschen tun, muss erst durch ihren Kopf gehen. Doch woher kommt das Bewusstsein und durch was wird es geformt? Der historische Materialismus sieht es in den Bedingungen, Erscheinungen und Triebkräfte des gesellschaftlichen Seins. Über deren Ursprung kann man doch einmal nachdenken. Woher kommen diese ganzen Ideen und woher schöpfen sie ihre Macht. Was haben die Menschen in einer Gesellschaft für Gefühle und Vorstellungen, wo die Kriminalität steigt, Drogen missbraucht werden, Rassendiskriminierung zu sehen ist, Korruption bis in höchste Kreise als normal erscheint, Bildungsmangel, Kriegsgeschrei und viele weitere Vorzüge dieser heutigen Gesellschaft sie umgibt? Ohne den Ursachen auf den Grund zu gehen, ist man nicht in der Lage, solche Auswüchse nur ansatzweise überwinden zu können. Die Praxis zeigt, wie unfähig die heutigen Gesellschaften geworden sind. Die Probleme nehmen weiter zu, statt ab.

Im historischen Materialismus wird viel das Wort „Dialektik" gebraucht. Was kann man sich darunter vorstellen? Es gibt allgemeine Bewegungs- und Entwicklungsgesetze in der Natur, Gesellschaft und im menschlichen Denken. Diese zu erkennen und wie sie wirken mit all ihren innewohnenden Zusammenhängen versucht man zu ergründen, zu erkennen und zu analysieren. Dann ist man erst in der Lage, die richtigen Schlüsse für die Zukunft ziehen zu können. Man ist bestrebt, eine Erklärung zu finden, wie das eine mit dem anderen zusammenhängt und warum es zu bestimmten Erscheinungen kommt. Dialektik ist zum einen Theorie des Zusammenhangs und der Entwicklung und andererseits eine Methode des Denkens und Handelns. Sie ist wichtig für das Verstehen realer Prozesse.

Theorie

- Die allgemeinen Entwicklungsgesetze der objektiven Welt bilden einen universellen Zusammenhang, wo alle Dinge und Erscheinungen miteinander verbunden sind und sich gegenseitig bedingen.
- Alles ist in steter, unaufhörlicher Bewegung und Entwicklung begriffen.

$\sum$ Theorie des Zusammenhangs und Entwicklung.

Methode

- Methode der Erkenntnis, wo das Vermögen der menschlichen Vernunft den Gegenstand als Einheit gegensätzlicher Bestimmungen begreift.
- Methode als bewusste und systematische Anwendung der Gesetze und Prinzipien der Dialektik zur praktischen und theoretischen Anwendung.
- Richtiges Verständnis des Gegensatzes, wo es notwendig ist in jedem komplizierten System von Erscheinungen stets das entscheidende Glied in der Kette herauszufinden.

$\sum$ Methode des Denkens und Handelns.

Schon die Griechen waren gute Dialektiker. So war Aristoteles ein guter Logiker. Er war der festen Überzeugung, dass menschliche Kenntnisse mit der Wirklichkeit übereinstimmen sollten. Das war sein Ausgangspunkt des Erkennens. Parmenides sah die Welt in stetiger Veränderung begriffen. Genau diese Gedanken werden weiterentwickelt, um die ökonomische Struktur der Gesellschaft zu analysieren, ihren Grund zu erkennen, die Basis und welche gesellschaftlichen Verhältnisse vorhanden sind. Der Mensch steht als Produkt der Umstände und Erziehung im Mittelpunkt. Verändern sich die Umstände, in der er sich bewegt, so verändert er sich zwangsläufig auch selber. Er ist das Produkt, ein Abbild, ein Spiegelbild der bestehenden gesellschaftlichen Verhältnisse. Ändert sich die Art und Weise, unter welchen ökonomischen Bedingungen produziert wird, so ändert sich ebenfalls sein gesellschaftliches Bewusstsein.

Diese Aussage wollen wir am Beispiel der Kirche uns verdeutlichen. Man hört von ihr beständig Mahnungen nach außen an die Welt. Man verlangt Gerechtigkeit, Fürsorge für die Armen, mahnt zum Selbstbewusstsein, man solle in sich gehen zur Selbsthilfe und empfiehlt Maßnahmen. Alles sanfte Ermahnungen und fromme Wünsche. Eines vergisst man jedoch ganz bewusst, dass Privateigentum. Es wird als Naturrecht verteidigt. Bei Wikipedia wird eine Vermögenssumme der Kirche auf 270 Milliarden Euro angegeben.[2]

Die Kirche hat Jahrtausende überlebt und überdauert. Das ging nur, weil sie mit ausgesprochen viel Geschick sich den wechselnden ökonomischen Verhältnissen angepasst hat. Eine ideologische Verkleidung für eine Ausdehnung ihrer Macht. Die Kirche, welch geniale Institution. Mit unerhörtem Geschick stellt sie die Menschen in ihre Dienste. Sie unternimmt alles, was die menschliche Seele fesselt. Den einfachen Menschen gibt sie Trost, den Gläubigen ein Gefühl, das wenigstens die Pracht der Prozession und ihr ganzer Glanz in jenen Augenblick ihnen gehört, wenn das Leben sie nicht gerade mit viel Glück und Gütern beschenkt hat. Dann der herrliche Weihrauch, der den Andächtigen seine ganzen Sinne an den Glauben fesseln soll. Die Beichte gibt Millionen Menschen ihre Seelenruhe, eine gewisse Lebensfreude entsprechend ihren gesellschaftlichen Umständen und einen friedlichen Schlaf. Sie wacht über sämtliche Regungen, um zu verhindern, dass man ja nicht vom Glauben abweicht. Das Christentum hat sich ein Weltbild zurechtgebastelt und zu eigen gemacht, welches ihren heiligen Zielen entspricht. In der Zeit des Aufkommens des Christentums musste die Weltgeschichte eine andere Gestalt annehmen. Die Wächter der Kirche benutzten aus der Philosophie des Aristoteles nur das, was sie für ihre kirchliche Lehre brauchten und hinein passte. Alles, was nicht ihren Vorstellungen entsprach, wurde verdammt. Wir nennen es Scholastik. Sie ist die Dienerin der Theologie gewesen. Mit ihr erklärt und versucht sie ihre Dogmen zu beweisen. Die Fähigkeit des Denkens wird damit gelähmt. Der kirchliche Glaube erklärt vieles, vor allem ihren Kirchenglauben, aber nicht die Welt, in der wir Leben. Und trotzdem schafft sie es immer wieder, dass ihr Glaube mit den bestehenden gesellschaftlichen Verhältnissen harmonisiert. Eine solche real existierende Macht in den verschiedenen Gesellschaftsformen erzeugt bei vielen ein anderes Bewusstsein.

---

2   Vgl. https://de.wikipedia.org/wiki/Verm%C3%B6gen_der_r%C3%B6misch-katholi-schen_Kirche

An dieser Stelle muss man sich die Hauptfrage stellen, zu welchem Instrument die staatlichen Machtmittel eingesetzt werden. Wem dienen sie und wer hat einen Nutzen? Das ist nur zu erkennen, wenn man sich die Produktion und die Produktverteilung genauer ansieht. Aus der bestehenden Wirtschaftsform leiten wir die Dinge ab und nicht umgekehrt. Heute hört man in beständiger, wiederholender Folge, dass die jetzige Wirtschaftsform, die allein Naturgemäße wäre und erklärt sie zugleich für ein ewiges Naturgesetz. Die Natur, die Gesellschaft und das menschliche Denken sind ständigen Veränderungen unterworfen. Sieht man die Welt allerdings begrenzt und abgeschlossen, da kann man sich schon als Stätte der allgemeinen Glückseligkeit hinstellen. Das Problem ist das Denken und Sein. Diese sind eben sehr unterschiedlich in den einzelnen Phasen des menschlichen Lebens mit samt ihren Umständen. Der Mensch wird heute als ein mit Bewusstsein handelndes Individuum der Natur hingestellt. Wodurch aber das Bewusstsein des Menschen innerhalb der menschlichen Gesellschaft bestimmt wird, interessiert keinen außer den Medienmachern, die dafür sorgen, dass die Masse nicht denkt und alles schluckt, was man ihm zu fressen gibt. Man blendet diese Tatsache einfach aus. Passt nicht ins ideologische Bild. Ideelle Triebkräfte stehen hier innerhalb der menschlichen Gesellschaft im Vordergrund. Der Mensch ist jedoch ein soziales Wesen. Das heißt letztendlich, dass er nur in der Gemeinschaft sein Bewusstsein erlangen kann. Die materiellen Grundlagen seines Lebens, die eine gewisse Ordnung aufweisen, bestimmen sein ideelles Bewusstseinsbild, seine Entwicklung. Es ist das Bewegungsgesetz der Menschheit.

Man sieht in der Entwicklung der Menschheit einen aufsteigenden Entwicklungsprozess, wo nicht nur die Geschichte des einzelnen Individuums die entscheidende Rolle spielt. Die Prozesse in der Natur haben nichts mit einem gewollten bewussten Zweck zu tun. Was die Geschichte der Gesellschaft betrifft, sind die Handelnden mit Bewusstsein begabte Individuen. Die Handlungen der Menschen sind überlegt und auf einen bestimmten hinarbeitenden Zweck gerichtet. Nichts geschieht ohne bewusste Absicht, ohne gewolltes Ziel und Überlegung. Was wiederum die Absicht und die Überlegung betrifft, sind sie abhängig vom Ehrgeiz, der Begeisterung oder vom persönlichen Hass des einzelnen. Fakt ist, dass die Menschen ihre Geschichte selbst machen. Die Frage hierbei ist nur, dass wie und das hängt davon ab, wie klar oder unklar sich die materiellen Zusammenhänge in den Köpfen der Menschen abspielt. Viele reden von Ideen. Diese entstehen aber nicht aus dem Nichts. Schon alleine die Träume eines Menschen sind der Objektivität der Welt angelehnt, trotz aller Fantasie. Vor 200 Jahren hat sich kein Mensch vorstellen können, dass Menschen es schaffen, einmal zum Mond zu fliegen. Doch woher können solche Ideen oder Vorstellungen kommen? Ist es der Vogel, der fliegen kann? Das regt doch zu Fantasien an. So entstehen Träume und Fantasien, die der Mensch in der Gesellschaft umsetzen will. Die Ideen sind das Produkt gesellschaftlicher Prozesse bzw.. aus der Objektivität der Welt. Je genauer die Idee ist, desto mehr Kraft verleiht man ihr. Was haben die Menschen bis heute nicht alles zustande gebracht, um die Natur für ihre Bedürfnisse zu verändern und Produktionsprozesse geistig beherrschen zu können. Es ist eine fortschreitende Entwicklung des Menschen, die immer mit der praktischen Tätigkeit zu tun hat. Was die Methode betrifft, so wird es immer verschiedene Auffassungen geben, trotz richtiger Anwendung. Das liegt in der Natur der Sache, da jeder Mensch anders empfindet und Dinge deutet. Auch ist es abhängig, welche Begabung die Menschen haben und welche Bildung man ihnen zukommen lässt. In der historischen Wissenschaft wird eine exakte Beweisführung, wie es in der Mathematik üblich ist, überhaupt nicht funktionieren. Vernünftige Menschen nehmen Widersprüche zum Anlass, sie einer genauen Prüfung zu unterziehen. Man hinterfragt die Dinge.

Zusammenfassung
- Ist eine Wissenschaft von den allgemeinsten Entwicklungsgesetzen der menschlichen Gesellschaft. Die menschliche Gesellschaft besitzt bestimmte Eigenschaften, da es sich mit Bewusstsein begabte Menschen handelt, die auf einen Zweck hinarbeiten und ihre Handlungen überlegen.
- Das bestimmende Moment wird in der Produktion und Reproduktion des unmittelbaren Lebens der Menschen gesehen.
- In der Natur wirken blinde Faktoren. Die menschliche Gesellschaft ist geprägt von Menschen mit Bewusstsein und Wille.
- Erklärungen zu finden, wie das eine mit dem anderen zusammenhängt und warum es zu bestimmten Erscheinungen kommt. Analy-

se der ökonomischen Struktur der Gesellschaft. Daraus richtige Schlüsse ziehen.

- Der Mensch steht als Produkt der Umstände und Erziehung im Mittelpunkt.
- Ändern sich die ökonomischen Bedingungen wie produziert wird, ändert sich sein gesellschaftliches Bewusstsein. Aus der bestehenden Wirtschaftsform werden Wahrheiten und Gegebenheiten abgeleitet.
- Das Bewusstsein kommt von den gesellschaftlichen Bedingungen des Seins. Die Ideen sind ein Produkt gesellschaftlicher Prozesse (Objektivität der Welt). Je genauer die Idee, desto mehr Kraft hat sie.
- Die Entwicklung der Menschheit ist in einem aufsteigenden Entwicklungsprozess begriffen, die mit der praktischen Tätigkeit der Menschen zusammenhängt.
- Hauptfrage: In welchem Sinne die Machtmittel eingesetzt werden, wem dienen sie und wer hat einen nutzen?
- Vernünftige Menschen nehmen Widersprüche zum Anlass zu hinterfragen. Es wird alles einer genauen Prüfung unterzogen.

3. Die Geschichte der Gesellschaft ist vor allem die Geschichte der Produktion materieller Güter

Der Mensch muss alle Dinge produzieren die er zum Leben braucht. Eine Grundvoraussetzung, um überhaupt leben zu können. Es ist die Geschichte der Produktion materieller Güter. Aus ihm entwickeln sich bestimmte Triebkräfte, die als Ursache der Entwicklung der Gesellschaft angesehen werden kann. Doch an welchen Fixpunkten machen wir die geschichtliche Leistung der Menschen fest, um sagen zu können, dass die Entwicklung der Produktion materieller Güter die Hauptrolle spielt?

1. Die Art und Weise, wie materielle Güter produziert werden, bestimmen den Charakter einer Gesellschaft mit all seiner Wissenschaft, der Kunst, ihrer Moral und ihren Einrichtungen.
2. Die Produktion wird als Stoffwechselprozess zwischen Mensch und Natur verstanden. Sie ist die Grundbedingung des menschlichen

Lebens, da von den arbeitenden Menschen die für das Leben der Gesellschaft notwendigen Güter hergestellt werden.

3. Entsprechend dem qualitativen Niveau von Produktionsinstrumenten und den Erfahrungen und Fertigkeiten der Menschen ist der Stand der Produktivkräfte erkennbar. Für die Entwicklung und dem Charakter einer Gesellschaftsformation ist dies von entscheidender Bedeutung.

4. Die Produktionsinstrumente sind jene Instrumente, mit deren Hilfe der Mensch im Prozess der Produktion materieller Güter die Natur umgestaltet und für seine Bedürfnisse ausnutzt, soweit seine Möglichkeiten ausreichen.

5. Die wichtigste Kraft ist und bleibt der Mensch. Er selber erfindet diejenigen Instrumente, die am besten den Arbeitsprozess bewältigen können und wendet sie zum Nutzen der Gesellschaft an.

6. Im Produktionsprozess gewinnt er viele Erfahrungen und entwickelt dadurch seine Fähigkeiten.

7. Nun lebt eine Gesellschaft vom Geschlechterwechsel. Es werden errungene Dinge an die junge Generation weitergegeben. Damit wird die Möglichkeit geschaffen, die gesellschaftliche Produktion auf eine noch höhere Stufe weiter zu entwickeln. Da spielt es keine Rolle, ob es ein Land gibt mit einer Politik des Rückschritts aus ideologischen Gründen. Sicherlich wirft es die Gesellschaft zurück. Die Gesetze jedoch, die hinter dem Rücken der Menschen wirken, treiben die Gesellschaft in jedem Fall immer weiter nach vorn.

8. Es ist aber nicht nur die Masse, die eine Rolle spielt. Erfinder, Techniker, Tüftler und die Wissenschaft allgemein kommen ebenfalls zum Tragen, wenn durch die Produktion für den arbeitenden Menschen die notwendigen Voraussetzungen geschaffen werden.

9. Die Hauptkraft der Produktion sind diejenigen, die die Produktion in Gang halten und dabei die Produktionsinstrumente und sich selber weiterentwickeln.

10. Diese ganze Produktionstätigkeit besitzt einen gesellschaftlichen Charakter. Es werden nicht nur die Produktionsinstrumente weiter verbessert, die aus den gemachten Erfahrungen und Fertigkeiten der Menschen resultiert, sondern es werden damit bestimmte sozia-

le Verhältnisse geschaffen. Es sind soziale Verhältnisse ihrer Zeit entsprechend. Das Ganze nennen wir die Produktionsverhältnisse.

11. Es ist ersichtlich, dass der Mensch nicht nur in der Produktion auf die Natur wirkt, sondern auch aufeinander.
12. Damit die Menschen überhaupt produzieren können, müssen sie ein Verhältnis miteinander eingehen, um ihre Tätigkeiten auch austauschen zu können.
13. Innerhalb dieser gesellschaftlichen Beziehungen und Verhältnisse findet die Produktion statt.
14. Die Produktion materieller Güter sichert demzufolge die Existenz der Gesellschaft. Sie gibt ihr das Gepräge durch die Verhältnisse, die sie miteinander in der Produktion eingehen, genannt die Produktionsverhältnisse. Sie bilden die ökonomische Basis der Gesellschaft.

So die Theorie. Doch wie sieht es in der heutigen Zeit mit der künstlichen Intelligenz aus? Menschen werden aus dem Produktionsprozess gedrängt. Die ökonomische Basis durch menschliches Tun geht verloren. Dies wird gewaltige Veränderungen der Gesellschaft mit sich bringen.

4. Der historische Materialismus als Wissenschaft

Es geht um eine wissenschaftliche Erklärung der Gesellschaft. Unser Ausgangspunkt sind die realen gesellschaftlichen Bedingungen einer Gesellschaft. Sie ist die Bewegungsform, die es zu erforschen gilt. Genau dieses materielle Leben in der Gesellschaft wird als das Primat angesehen gegenüber ihrem Geistigen leben. Das Materielle ist nichts anderes als das gesellschaftliche Sein. Es ist da, es existiert objektiv real und steht außerhalb und unabhängig vom Willen und Bewusstsein der Menschen. Sicherlich spielen Wille und Bewusstsein ebenfalls eine Rolle in der Gesellschaft. Das wird überhaupt nicht bestritten. Aber dieses geistige Leben der Gesellschaft ist das gesellschaftliche Bewusstsein der Menschen, ein Spiegelbild der Gesellschaft. Eine Widerspiegelung des gesellschaftlichen Lebens und Seins, welches den Willen und die Einstellung der Menschen zu weltlichen Dingen prägt.

Bis hierher haben wir feststellen können, dass die Produktion der unmittelbaren materiellen Lebensmittel, man sagt heute gerne knappe Güter, auf einer entsprechenden oder jeweiligen ökonomischen Entwicklungsstufe eines Volkes die Grundlage bildet. Aus ihr entwickeln sich Staatseinrichtungen, Rechtsanschauungen, Künste, Religion und ihre vorherrschende Ideologie entsprechend der betreffenden geschichtlichen Epoche und Machtverhältnisse. Aus ihr müssen die verschiedenen Bewusstseinsformen, gemeint ist das gesellschaftliche Bewusstsein, in Betracht gezogen werden. Was heißt das? Durch den materiellen gesellschaftlichen Lebensprozess wird der geistige Lebensprozess der Gesellschaft bestimmt. Die ideologischen Formen der Gesellschaft sind der Nachzügler dieser Bedingungen. Würde man sie als primär betrachten, wäre eine Erklärung der Geschichte unmöglich.

Zusammenfassung
- Wissenschaftliche Erklärung der Gesellschaft. Ist eine Bewegungsform, die es zu erforschen gilt.
- Das materielle Leben der Menschen ist das Primäre. Das Materielle ist das gesellschaftliche Sein.
- Durch den materiellen gesellschaftlichen Lebensprozess wird der geistige Lebensprozess bestimmt.

5. Das Besondere der gesellschaftlichen Entwicklung

Es ist die Tätigkeit der Menschen selber, nur durch sie gibt es eine gesellschaftliche Entwicklung. Es ist wie in einer Sportmannschaft oder in einem Kegelverein. Sie leben und entwickeln sich durch ihre Mitglieder. Je nachdem, wie die Mitglieder untereinander tätig sind, wirken und miteinander umgehen, erhält der Verein seine Prägung. Dies äußert sich in dem Vereinsgeist, dem Bewusstsein. Da stellt sich sogleich die Frage, was ist nun das Primäre? Die Tätigkeit, wo sich der Vereinsgeist allmählich entwickelt oder hat man zuerst den Vereinsgeist, woraus sich das Wesen des Vereins entwickelt?
Die Natur kommt glänzend ohne den Menschen aus, aber in einer Gesellschaft gibt es keine Bewegung ohne den Menschen, und das geschieht in erster Linie durch seine praktische Tätigkeit. Trotzdem wird immer wieder der Versuch unternommen, diese wissenschaftliche Theorie auf die Naturphilosophie zu reduzieren. Für den historischen Materialismus ist es eine

Erkenntnistheorie von Gesetzen, eine Lehre von den allgemeinen Entwicklungsgesetzen der Gesellschaft. Ihre gründliche Erforschung ist von größter Bedeutung für die weitere Entwicklung der Gesellschaft. Man verfällt sehr schnell in den Fehler, dass es ihre Aufgabe sei, die besonderen Gesetze der Entwicklung wie in der Ökonomie, Geschichte, der Moral und dem Recht zu erforschen. Eine solche Aufgabe fällt dem historischen Materialismus nicht zu, da sie zu den einzelnen Gesellschaftswissenschaften zählen und dort erforscht werden. Was der historische Materialismus erforscht, ist das Allgemeine, was allen einzelnen Seiten der Gesellschaft zuzurechnen ist, die allgemeinen Gesetze der gesellschaftlichen Entwicklung. Immer wieder kommt die Frage auf, nach welchen Gesetzen sich gesellschaftliche Verhältnisse den nun entwickeln. Um diese Frage beantworten zu können, setzt es eine genauere Kenntnis von den Entwicklungsgesetzen voraus. Jedem dürfte klar sein, dass das Handeln der Menschen sich im Einklang mit der Notwendigkeit der gesellschaftlichen Entwicklung befinden muss. Ist dies nicht der Fall, geht die Gesellschaft erst einmal einige Schritte wieder zurück.

Es darf nicht so verstanden werden, dass die Erforschung von allgemeinen Entwicklungsgesetze der Gesellschaft losgelöst von den Einzelwissenschaften betrachtet werden kann. Natürlich muss man sich auf die Ergebnisse der Einzelwissenschaften stützen. Alle Teile stellen ein gemeinsames Ganzes dar, mit all ihren Zusammenhängen und Wechselwirkungen. Es ist eine materialistische Theorie des gesellschaftlichen und geschichtlichen Gesamtzusammenhangs und nicht wie heute üblich eine teilweise chaotische und willkürliche Darstellung der Geschichte der Menschheit, damit alles ins ideologische Bild passt. Einen solchen groben Fehler machte man ebenfalls in den ehemaligen sozialistischen Staaten.

Der entscheidende Fixpunkt ist die praktische Tätigkeit der Menschen. Sie manifestiert sich im Bewusstsein der Menschen, indem sie die Gesamtheit ihrer historischen Erfahrungen auch theoretisch verallgemeinert.[3]

Zusammenfassung
- Der Materialismus ist die Ausdehnung auf die Erkenntnis der Gesellschaft und ihrer Geschichte.

---

3 Vgl. S. I. Gontscharuk, W. G. Winogradow: Gesetze der Gesellschaft und wissenschaftliche Voraussicht, Dietz Verlag Berlin 1974, S. 72

- Eine Theorie des gesellschaftlichen und geschichtlichen Zusammenhangs.

6. Der Gegenstand dieser Betrachtungsweise

Der gesellschaftliche Lebensprozess ist eine qualitative Besonderheit gegenüber den Naturprozessen. Höchste Bewegungsform der Materie, die qualitative Eigenarten aufweist. Wenn der Mensch ein Produkt der Natur ist, dann muss die Gesellschaft ebenfalls aus der Natur hervorgegangen sein, durch einen historischen Entwicklungsprozess. Der Mensch produziert materielle Güter, die er für seine Existenz und Entwicklung braucht. Ein Prozess, wo die Gesellschaft als Subjekt der Natur gegenübertritt. In der Natur wirken die Kräfte bewusstlos. Die Menschen besitzen aber Bewusstsein und Willen. Damit setzen sie sich Ziele, haben bestimmte Absichten und verfolgen Pläne. Der ideelle Bereich spielt dabei eine wesentliche Rolle. Wir betrachten die allgemeinen Gesetze der Bewegung und Entwicklung der Gesellschaft als Ganzes. Die menschliche Gesellschaft hat sich stetig weiter entwickelt, welches an den bisher durchlaufenen einzelnen Epochen festzustellen ist, mit der Erkenntnis, dass Erscheinungsformen und Wirkungsmechanismen der allgemeinen Gesetze sich ebenfalls verändern müssen. Es besteht eine Wechselbeziehung zwischen den allgemeinen Gesetzen des Geschichtsprozesses und den speziellen Gesetzen der einzelnen Gesellschaftsformationen, die quantitativ und qualitativ bestimmt sind. Aus dieser logischen Schlussfolgerung folgt die Ansicht, ändert sich das gesellschaftliche Sein, so muss sich zwangsläufig auch das gesellschaftliche Bewusstsein ändern. Die menschlichen Gesellschaften sind eingebettet in ihrer Zeit, aus denen sich Ziele und Aufgaben ergeben.

Es ist eine der Epoche entsprechende Herangehensweise an alle Probleme des gesellschaftlichen Lebens. Der Sinn dieser Wissenschaft mit ihrer spezifischen Herangehensweise konzentriert sich darauf, aufkommende Fragen annähernd richtig beantworten zu können. Dies bedarf einer guten Schulung der Menschen. Es fördert ein folgerichtiges Denken, was ein klares und deutliches Konstruieren aus einfachen rationalen Elementen möglich macht und eine richtige Planung für den späteren Lebensweg erzeugt. Es bewirkt auch ein neues gesellschaftliches Handeln, da Vernunft und eine Einsicht in die Dinge die Gesellschaft regelt und zu prägen beginnt. Jede Frage wird von dem Standpunkt, wie eine bestimmte Erscheinung in der Geschichte entstanden ist, beantwortet. Ursache und Wirkung. Welche Etappen hat sie durchlaufen? Man untersucht die Entwicklung, um zu erkennen, was aus der betreffenden Sache geworden ist. Hier sind die Ergebnisse der Einzelwissenschaften eine wesentliche Grundlage für die historische Forschung. Jedes Wissensgebiet oder Fach hat seinen Bildungswert dadurch, dass vieles erst gelernt werden muss, ehe man auf diesen grundlegenden Erkenntnissen die nächst höheren Aufbauen kann. Jedes Wissensgebiet hat ferner das Bestreben, von seinem Blickwinkel aus das Weltganze zu erfassen und nicht bloß seinen Gegenstand.

Merke: Ausschlaggebend sind ökonomische Prozesse und Produktionsverhältnisse (materielle Verhältnisse der Menschen zueinander).

Gesellschaftliches Bewusstsein = gesamter geistiger Lebensprozess = Abhängig vom materiellen Lebensprozess und deren Widerspiegelung.

Neue Ideen = Widerspruch in den Beziehungen zwischen PK und PV.
    = Veränderung der Gesellschaft durch aktives Handeln der Massen.

Zusammenfassung dieser theoretischen Sichtweise

Historischer Materialismus = materialistische Geschichtsauffassung = wissenschaftliche Erklärung der Gesellschaft

Wirkliche gesellschaftliche Bedingungen = materielles Leben = gesell. Sein (Unbewusst)
Historischer Materialismus = Ausdehnung des dialektischen Materialismus auf die Erforschung der gesellschaftlichen Bewegung.

Allgemeine Gesetze der Bewegung und Entwicklung der Gesellschaft als Ganzes erkennen. = Gegenstand

Produktion der materiellen Lebensmittel auf einer bestimmten ökonomischen Stufe bringt rechtliche und politische Einrichtungen mit sich.

Daraus folgt: Die verschiedenen Bewusstseinsformen der Menschen müssen mit in Betracht gezogen werden. = Gesellschaftliches Sein.
Besonderheit der gesellschaftlichen Entwicklung = Ist die Tätigkeit des Menschen
(In der Gesellschaft gibt es keine Bewegung ohne Menschen, vor allem durch seine praktische Tätigkeit.)

Historischer Materialismus = Besondere + Allgemeinen Gesetze der Gesellschaft.
Dialektischer Materialismus = Allgemeine Gesetze der Gesellschaft und der Natur (Was allen Seiten der Gesellschaft gemeinsam ist)
Erkenntnistheorie = Gesetze die das Denken beherrschen.

Materialismus = Theorie des gesellschaftlichen und geschichtlichen Gesamtzusammenhangs.

Revolutionäre an dieser Theorie:
- Materielle Produktion ist Grundlage
- Volksmassen Schöpfer der Geschichte
- Entwicklungsprozess ökonomischer Gesellschaftsformationen

Natur – Kräfte wirken bewusstlos.
Mensch – Wirkt mit Bewusstsein und Wille = Ziele
Entscheidende Bestimmung des Allgemeinen = Frage nach dem Verhältnis vom gesell. Sein und gesell. Bewusstsein.

Herangehensweise des historischen Materialismus:
1. Wie entstanden
2. Welche Etappen durchlaufen
3. Dann diese Entwicklung untersuchen, was das Ergebnis ist.

Die materiellen Grundlagen des gesellschaftlichen Lebens

Historischer Materialismus = materialistische Geschichtsauffassung
(Ist die wiss. Erklärung d. Gesellschaft die von den wirklichen gesell. Bedingungen, also dem materiellen Leben ausgeht und als eine gesellschaftliche Bewegungsform der Materie verstanden werden muss.)

Materielles Leben der Gesellschaft

= gesell. Sein/existiert unabhängig u. außerhalb vom Bewusstsein des Menschen, d.h. objektiv real.

Geistiges Leben der Gesell-schaft

= gesell. Bewusstsein/ist die Wiederspie-gelung des gesellschaftlichen Seins.

Produktion der unmittelbaren materiellen Lebensmittel
entsprechend der jeweiligen ökonomischen Entwicklungsstufe

Ist die Grundlage wonach sich
Staatseinrichtungen, Rechtsanschauungen, Kunst und Religion der Menschen entwickelt.
(Rechtliche und politische Einrichtungen und deren Ideologie und demzufolge auch den verschiedenen Be-wusstseinsformen)

Merke: Der materielle gesell. Lebensprozess bestimmt den geistigen Lebensprozess der Gesellschaft, d.h. die Tätigkeit der Menschen bestimmt die gesell. Entwicklung. Keine Bewegung in der Gesellschaft ohne den Menschen.
Der historische Materialismus muss mit dem dialektische Materialismus als eine Einheit betrachtet werden. Der historische Materialismus ist hier das Besondere und der dialektische Materialismus das Allgemeine, d.h. historischer Materialismus ist dialektischer Materialismus auf die Gesellschaft angewandt (Allgemeine Entwicklungsgesetze der Gesellschaft).

Wichtig: Wer diese Wissenschaft auf eine Naturphilosophie oder nur auf eine Gesellschaftslehre reduziert, legt sie bewusst (Interessenbedingt) oder unbewusst (Unkenntnis) falsch dar.

Der historische Materialismus löst auch keine Aufgaben der einzelnen Gesellschaftswissenschaften, welches umgekehrt genauso gilt. Er erforscht das Allgemeine, was allen einzelnen Seiten der Gesellschaft gemeinsam ist. Gemeint sind die allgemeinen Gesetze der gesellschaftlichen Entwicklung.

Herangehensweise: Alle Teile werden hier als ein einheitliches Ganzes betrachtet, ihre Zusammenhänge und ihre Wechselwirkungen.

7. Das gesellschaftliche Leben

Die sozialen, ökonomischen und politischen Verhältnisse, die das materielle Leben der Gesellschaft darstellen, werden von objektiven Gesetzen beherrscht. Die Lebensbedingungen der Menschen erzeugen dies. Die Menschen sind selber der Schöpfer ihrer eigenen Lebensbedingungen, welches wir als das gesellschaftliche Sein der Menschen verstehen. Das gesellschaftliche Erdenleben wird sehr vereinfacht in gesellschaftliches Sein und gesellschaftliches Bewusstsein eingeteilt. Nach diesen Lebensbedingungen richtet sich das Ganze gesellschaftliche Leben mit sämtlichen Anschauungen und gesellschaftlichen Einrichtungen.

Was hängt von den materiellen Lebensbedingungen ab?
1. Was die Menschen ausmacht.
2. In welcher gesellschaftlichen Ordnung sie leben.
3. Wie die Gesellschaft geformt ist.

Diese Kriterien bestimmen den Gang der gesellschaftlichen Entwicklung, dass heißt ihr materielles Leben. Unter materiell werden Erscheinungen und Prozesse verstanden, die außerhalb und unabhängig vom menschlichen Bewusstsein existieren. Der Gegensatz zu materiell ist der Begriff „ideell". Die Lebensbedingungen in einer Gesellschaft prägen die Lebenszufriedenheit der in ihr lebenden Menschen. Schaut man einige Jahrzehnte unserer Gesellschaft zurück, stoßen wir in der Bundesrepublik auf den

Begriff "Wirtschaftswunder". Die Lebensbedingungen haben sich mit dem Marshallplan, wo 1,5 Mrd.. Dollar nach Westdeutschland geflossen sind und dem dadurch einsetzenden Wirtschaftswunder sehr verbessert. Auch in der damaligen sowjetischen Besatzungszone wurden erhebliche Verbesserungen vorgenommen, allerdings ohne Marshallplan. Man begann wieder Freude am Leben und am Schaffen zu haben. Man merkte, dass etwas geschieht zum Wohle der Bevölkerung. Das gesellschaftliche Sein hat sich maßgebend dadurch verändert. Es wurde viel Positives unternommen zur verbesserten Lebenslage der Menschen. Es begann eine andere, allseitige und vernünftige Entwicklung der Persönlichkeit, genügend Wohnraum wurde geschaffen, das Angebot von Konsumgütern weitete sich aus, die finanzielle Möglichkeiten worden größer, Nahrung und Kleidung standen im großen Maße zur Verfügung, die soziale und kulturelle Teilhabe veränderte sich, dass aufkommen eines hervorragenden Gesundheitswesens bis hin zu einer breit gefächerten Bildung der Menschen. Diese Bedingungen haben mit der Zeit das menschliche Bewusstsein beeinflusst. Es ist unbestritten, dass das Bewusstsein in den 60er-Jahren anders war als heute. Es veränderte sich die Einstellung zu den Dingen und zur Gesellschaft. Betrachtet man die Entwicklung bis zur heutigen Zeit, so sind quantitative Sprünge zum Wohle der Menschen zu verzeichnen. Können wir aber auch von qualitativen Sprüngen sprechen? Vergleicht man die heutigen Lebensbedingungen mit der Zeit des Nationalsozialismus, ist es ein qualitativer Sprung innerhalb des kapitalistischen Gesellschaftsgefüges. Nimmt man die heutigen gesellschaftlichen Verhältnisse genau unter die Lupe, kommen erhebliche Zweifel auf, ob dieser positive Trend weiter fortgesetzt worden ist. Nach Beurteilung der heutigen Politik und den aggressiven Expansionsbestrebungen des Kapitals sind in nächster Zeit einige Schritte zurück zu befürchten. Das Kapital sucht konsequent und stetig nach einen ausgedehnteren Absatzmarkt für ihre Produkte. Sie jagt wie ein Wahnsinniger über unsere ganze Erdkugel. Überall frisst sie sich fest, um ihre Ziele zu erreichen. Da schreckt man auch vor Kriege nicht zurück.

Hier spielen große Machtinteressen und der damit verbundenen herrschenden Ideologie eine entscheidende Rolle. Es ist eine zunehmende Angst von Wohlstandseinbußen zu spüren, die mit einer vermehrten Lebensunzufriedenheit begleitet wird. Viele Menschen spüren eine kaputt gesparte Daseinsvorsorge bei Kitas, in der Schulbildung oder im Gesundheitswesen. Die Fallpauschalen für Krankenhäuser behält man stur bei. Sie nötigen die Krankenhäuser zum Profitzwang, da sie nicht ihre tatsächlichen Behandlungskosten erstattet bekommen. Ein Konkurrenzkampf der Krankenhäuser untereinander ist da unvermeidlich und ein Personalabbau die Folge. Am erkrankten Menschen wird der Erlös durch lukrative Behandlungen gesteigert.

Die Energiepreisbremse, wo Konzerne gigantische Gewinne einfahren und der Verbraucher leer ausgeht. Aufgrund der künstlich herbeigeführten politischen Spannungen und der „überragenden" Sanktionspolitik anderer Länder gegenüber sah man sich gezwungen, eine sogenannte Energiepreisbremse einzuführen. Die Verbraucher werden aufgefordert, Heizung, Warmwasser und Strom herunter zu regulieren. Im Gegenzug garantiert die sogenannte Ampelregierung (SPD, Die Grünen, FDP) den Energiekonzernen dem ihm genehmen Marktpreis aus den Steuermitteln des arbeitenden Menschen, wenn der Energieverbrauch eines Haushalts unter 80 % liegt. Ist ein höherer Verbrauch im Haushalt zu verzeichnen, der über die 80 % liegt, bezahlt der Verbraucher diesen Marktpreis direkt an den Energiekonzern. Egal wie man es drehen will, die Energiekonzerne bekommen so oder so den ihm marktgerechten Preis. So etwas nennt man dann volksnahe politische Entscheidungen. Man lässt den Bürger nicht alleine, wird verkündet. Es ist ein Sparen für die Maximierung der Gewinne namhafter Energiekonzerne.

Leiharbeit, Mini-Jobs, Arbeitslosigkeit, Armutsgefährdung jeden Alters, kontinuierlich steigende Mietpreise, Preisexplosionen, verringerte Zukunftschancen für viele Menschen, eine immer größer werdende Steuerlast des Bürgers, hohes Renteneintrittsalter, keine Bildungsgleichheit, unüberlegte Integrationspolitik, mangelnde Sicherheit, Zerstörung des gesellschaftlichen Zusammenhalts, Krisen, Korruption, Vetternwirtschaft bis hin zu Kriegen, sind die Errungenschaften, die dieses gesellschaftliche System den Bürger zu bieten hat. Eine politische Unfähigkeit zur Vermehrung des Wohlstands.

Sämtliche Strukturen und Ordnungen wirken unmittelbar auf das gesamte Leben der Menschen. Die gesellschaftliche Organisation hat einen entscheidenden Einfluss auf das Verhältnis der Menschen. An dieser Stelle kann jeder für sich versuchen, sofort fünf positive Dinge auf die schnelle aufzählen. Da wird einem erst einmal bewusst, wie die materiellen Lebensbedingungen heute aussehen. Sind die Menschen mit ihren Lebensbedingungen nicht zufrieden, werden Spannungen in der Gesellschaft erzeugt, die zerstörerische Kräfte entwickelt und durchaus bis zum Zusammenbruch einer Gesellschaft führen können.

Zusammenfassung
- Unter materielles Leben werden die sozialen, ökonomischen und politischen Verhältnisse verstanden.
- Die Menschen sind die Schöpfer ihrer eigenen Lebensbedingungen. Ihr gesellschaftliches Sein.
- Unter materiell wird das außerhalb vom menschlichen Bewusstsein existierende verstanden.
- Sämtliche Strukturen und Ordnungen wirken sich unmittelbar auf das gesamte Leben der Menschen aus.

8. Das gesellschaftliche Sein und das gesellschaftliche Bewusstsein und dessen Verhältnis zueinander

8.1. Nach welchem Bewusstsein werden Menschen erzogen?

Die Menschen haben sich noch nie damit zufriedengegeben, Dinge nicht hinterfragen zu wollen. Ihr ganzes Bestreben war stets Klarheit über Fragen und Aufgaben ihres Daseins zu erlangen. Und Fragen und Aufgaben gibt es genug. Wie sehen zum Beispiel die Gemeinschaftsbeziehungen im gesellschaftlichen Leben aus? Welche sozialen Auswirkungen hat die Marktwirtschaft? Welche Rolle spielt die Wissenschaft und Technik in der Entwicklung der menschlichen Gesellschaft? Welchen Platz nehmen Moral, Sitte und weltanschauliche Fragen ein? Hat man ein Interesse an der Lösung aufkommender Probleme oder holt man sich bewusst weitere Übel von außen ins Land? Welche Stellung und Rolle spielt der einzelne Mensch in der Gesellschaft? Worin liegt der Sinn und Inhalt des Lebens? Wie sieht die innere Haltung der Menschen zu den politischen und wirtschaftlichen Problemen aus? Sieht man den Frieden und ein friedliches Zusammenleben der Völker als Aufgabe oder arbeitet man sich bewusst aus ideologischen und wirtschaftlichen Zwängen heraus in eine kriegerische Auseinandersetzung? Wie wirken sich die gesellschaftlichen Bedingungen auf das Denken und Leben der Menschen aus? Sind sie in der Lage, alles richtig zu verstehen und entsprechend zu handeln? Sind freiheitlich-demokratische Werte mit Profitemacherei und Kriegstreiberei miteinander vereinbar? Es sind Fragen über Fragen. Fragen nach dem Sinn des Lebens überhaupt. Egal in welche Richtung man diese Fragen beantwortet, es ist in der letzten Konsequenz eine Frage der vorzufindenden gesellschaftlichen Verhältnisse. Aus diesen gesellschaftlichen Verhältnissen kann man das gesellschaftliche Bewusstsein ableiten. Viele Menschen zeigen ein sehr geringes geistiges Interesse für die Zusammenhänge der Welt, ihrer täglichen Arbeit und ihres gesellschaftlichen Lebens. Sie nehmen an der Politik und dem Weltgeschehen keinen inneren Anteil. Es berührt sie nicht. Wird jedoch den Menschen eine gute Bildung gewährt, werden sie befähigt, gesellschaftliche Gegebenheiten und Erscheinungen besser und leichter zu verstehen und Lösungen zu finden. Dazu sind wiederum andere gesellschaftliche Verhältnisse zwingend.

8.2. Das gesellschaftliche Sein

Im philosophischen Sinne wird der Begriff „Sein" als Dasein oder Wirklichkeit verstanden. Eine weitere verständnisvollere Zuordnung für „Sein" wäre das Wort „Existenz". Der Mensch existiert aber nicht in einem Vakuum, sondern ist ein Produkt der Natur, bewegt sich in ihr und wird schöpferisch tätig. Aus diesem Grund ist der Begriff auf „materielle Welt" erweitert worden. Der Begriff „materielle Welt" ist unser Ausgangspunkt für die philosophische Kategorie „gesellschaftliches Sein". Der Begriff „gesellschaftliches Sein" ist dehnbar aufzufassen. Wir reden hier vom „Dasein" der Menschen, die eine Gesellschaft darstellen. Dieses „Dasein" ist jedoch von einer immensen Mannigfaltigkeit geprägt, die objektiv-reale Eigenschaften der Wirklichkeit in sich trägt und die es zu erkennen gilt. Voraussetzung dafür ist eine richtige Auffassung der Begriffsbestimmung „gesellschaftliches Sein" und einer realistischen Betrachtung der Welt. Unter gesellschaftliches Sein versteht man die Gesamtheit der gesellschaftlichen Existenzbedingungen und Verhältnisse der Menschen. Es ist das materielle Leben der Gesellschaft auf einer bestimmten historischen Entwicklungsstufe, die sich aus dem vorangegangenen Entwicklungsprozess herausgebildet hat und sich für eine gewisse Zeit festigt. Jede Entwicklungsstufe hat einen spezifischen Aneignungsprozess zwischen Mensch und Natur, von denen wir die gesellschaftlichen Verhältnisse ableiten können. Das gesellschaftliche Sein ist der wirkliche gesellschaftliche Lebensprozess und beinhaltet das gesamte Bewusstsein mit all den Wünschen, Absichten und Willen der Menschen im Prozess der Produktion und ihrer Reproduktion ihres Lebens, zur Natur und zueinander. Dieses objektiv reale Sein ist mit einem Bewusstsein verbunden.

Es wird in der bürgerlichen Ideologie grundsätzlich der Fehler begangen, den Begriff „gesellschaftliches Sein" nur auf die Ökonomie zu reduzieren. Sicherlich stellt die materielle Produktion die materielle Grundlage des Lebens und der Gesellschaft dar, aber in der Arbeit werden nicht nur Werte zur Befriedigung der menschlichen Bedürfnisse hergestellt, sondern es entstehen mit ihr gleichzeitig soziale Beziehungen der Menschen untereinander. Außerdem gibt für uns diese Betrachtung die Möglichkeit, auf welcher historischen Stufe das Ganze sich befindet. Mit der Entwicklung der Produktivkräfte verändert sich die Arbeit, ihr Prozess, der Warenaustausch bis hin zur gesellschaftlichen und politischen Gliederung. Die Folge sind Änderungen in der geistigen Tätigkeit der Menschen und damit auch ihr Bewusstsein. Es muss bei dieser Begriffsbestimmung das gesamte soziale Milieu hinzugerechnet werden, die materiell gegenständliche Seite (soziale Seite, Lebensweise). Trotzdem können wir die Produktion mit dem ganzen gesellschaftlichen Leben gleichsetzen, da ein ununterbrochenes Ineinandergreifen zwischen den ökonomischen und außerökonomischen Bereichen des gesellschaftlichen Lebens stattfindet. Sie schafft für die Gesellschaft die Reichtümer und mit ihr entstehen menschliche Beziehungen, wo das Bewusstsein besondere Fähigkeiten erlangt. Das gesellschaftliche Leben der Menschen vollzieht sich durch Produktion und Reproduktion.

Im Akt der Reproduktion ändern sich nicht nur die objektiven Bedingungen, wo zum Beispiel aus einem Dorf eine Stadt wird und aus der Wilderei der Acker entsteht, auch die Produzenten selber ändern und entwickeln sich.[4] Sie gestalten ihre Umwelt um, schöpfen neue Kräfte und Vorstellungen, bilden neue Verkehrsweisen und neue Bedürfnisse treten auf. Die Produktion und Reproduktion ist das ganze unmittelbare Leben der Menschen.[5] Die materielle Produktion ist verkettet mit allen Lebensbereichen

---

4 Vgl. Werner Müller und Dieter Uhlig: Gesellschaft und Bewußtsein, Dietz Verlag Berlin 1980, S. 53 (Karl Marx: Grundrisse der Kritik der politischen Ökonomie S. 394)
5 Vgl. Ebd., S. 53

der Gesellschaft (Werte, Normen und Beziehungen).[6] Aus diesem Grund ist der Begriff „gesellschaftliches Sein" dehnbar und ist in seiner ganzen Breite aufzufassen.

In der heutigen gesellschaftlichen Entwicklung sehen wir, dass die objektiven Bedingungen, was die Menschen prägt, zum Teil nicht mehr mit der materiellen Produktion zusammenhängt. Es gibt viele, die von der schaffenden Arbeit getrennt sind. Wir sehen es an Menschen, die vom Müßiggang anderer leben, seien es die Langzeitarbeitslosen oder unsere kulturelle Bereicherung aus fremden Ländern. Ein weiteres Problem ist die flache Bildung großer Teile des Gemeinschaftskörpers. Sie sind nicht in der Lage, durch die verhüllten und undurchschaubaren Zusammenhänge und deren Wirkungen die Vorgänge zu erfassen und zu begreifen. Dementsprechend wirkt sich das nicht nur auf das Bewusstsein aus, sondern wirkt auch wieder zurück auf das gesellschaftliche Sein. Die Gedanken, die Ideen und Vorstellungen sind der bewusste Ausdruck ihrer gesellschaftlichen Verhältnisse. Es ändert sich die Wirklichkeit in ihren Köpfen und ihr Denken. Hier sieht man konkret eine Ableitung des gesellschaftlichen Bewusstseins vom gesellschaftlichen Sein. Bei dieser Bestimmung kommt es darauf an, die Prozesse des gesellschaftlichen Seins genau im Auge zu behalten.

Doch was ist das Besondere an diesem objektiv realen Sein? Es existiert vollkommen unabhängig vom menschlichen Bewusstsein, seinen Empfindungen und Erfahrungen. Das Bewusstsein ist das Abbild des Seins oder sagen wir sein annäherndes getreues Abbild der uns umgebenden Wirklichkeit. Häufig wird der Fehler begangen, dass das gesellschaftliche Sein mit dem Sein als Materie definiert wird. Materie ist unsere objektive Welt. Das gesellschaftliche Sein bezieht sich aber nur auf das Sein als Existenz der Menschen. Bei dem gesellschaftlichen Sein sieht man von allen Einzelheiten des gesellschaftlichen Lebens ab. Zudem finden die Menschen in jeder Gesellschaft die objektiven Gesetzmäßigkeiten bereits vor, die ihren gesellschaftlichen Lebensprozess bestimmen. Egal welche Vorstellungen, Fantasien und sonstige Konstrukte im menschlichen Gehirn ablaufen, es sind alles geistige Vorgänge, die von der Außenwelt aufgenommen und im menschlichen Gehirn umgesetzt werden. Es kennzeichnet den ge-

---

6   Vgl. Werner Müller und Dieter Uhlig: Gesellschaft und Bewußtsein, Dietz Verlag Berlin 1980, S. 54

samten gesellschaftlichen Lebensprozess, welches wir das materielle Leben der Gesellschaft nennen. Es ist der ganze soziale, politische und geistige Lebensprozess.

Prozesse, die in der Lebenstätigkeit der Menschen zu finden sind, gehören zum gesellschaftlichen Sein. Es sind aber nur jene Prozesse, die unmittelbar aus den gesellschaftlichen Verhältnissen hervorgehen. Sie müssen in diesem System der materiellen gesellschaftlichen Verhältnisse als Objekt genau aus diesen Verhältnissen erst zur Wirkung kommen. Damit wird zum Ausdruck gebracht, dass es im gesellschaftlichen Leben, wo bewusst und zweckmäßig handelnde Menschen am Werke sind, ein materielles Sein geben muss, welches unabhängig vom gesellschaftlichen Bewusstsein der Menschen existiert, was wir objektiv real nennen. Es ist ein abstrakter Begriff, wo von allen Einzelheiten des gesellschaftlichen Lebens abgesehen wird. Nach und nach erkannte der Mensch, das die Gesellschaft, dass soziale Leben einen eigenen, selbstständigen Wirklichkeitsbereich besitzt, wo sich aus dem praktischen Lebensprozess eine spezifische objektive Realität herausbildet, ein sogenanntes gesellschaftliches Sein, welches durch das gesellschaftliche Bewusstsein widergespiegelt wird.[7]

Wie sieht der wirkliche Lebensprozess (gesellschaftliches Sein) aus? Jedem ist bewusst, dass der Mensch produktiv tätig werden muss.

1. Der Mensch muss Lebensmittel herstellen, damit er überhaupt erst einmal Leben kann.
2. Er braucht medizinische Produkte, um seiner Gesundheit willen.
3. Im Lernprozess benötigt er Lehr- und Arbeitsmittel wie Bücher und Schreibmaterial.

Aus dieser Notwendigkeit gehen die Menschen untereinander die verschiedensten Beziehungen miteinander ein. Es entwickeln sich unabhängig vom menschlichen Bewusstsein spezifische gesellschaftliche Verhältnisse. Die Gesellschaft ist die Gesamtheit der Beziehungen und Verhältnissen der Menschen zueinander. Sobald Menschen miteinander in Verkehr treten, entsteht ein Verhältnis. Gesellschaftliche Verhältnisse bilden sich heraus, aber die Menschen sind sich in keinster Weise darüber bewusst, welche es sind und nach welchen Gesetzen sie sich entwickeln. Es

---

7 Vgl. Kleines politisches Wörterbuch, 7.vollständig überarbeitete Auflage, Dietz Verlag Berlin 1988, S. 478/479)

gibt Familienverhältnisse, nationale Verhältnisse bis hin zu ideologischen Verhältnissen, die die Beziehungen der Menschen untereinander prägen. Gesellschaftliche Verhältnisse sind damit das Resultat von menschlicher Tätigkeit. Trotzdem ist der unmittelbare Produktionsprozess hier nur als ein Momentum zu betrachten. Vergrößern wir unseren Blickwinkel auf die Bereiche Deutschlands, Europas, den USA, Asien, Arabien und im Gesamten der Welt mit den folgenden Fragen:

1. Wie sehen die Existenzbedingungen und die gegebenen gesellschaftlichen Verhältnisse aus?
2. Sind sie miserabel für einige Mitmenschen oder betrifft es eine größere Anzahl an Menschen?
3. Wie sehen die wirtschaftlichen und politischen Perspektiven aus?
4. Wird im sozialpolitischen Bereich die Lage benachteiligter Gruppen verbessert oder nicht?
5. Geben die gesellschaftlichen Verhältnisse, das gesellschaftliche Sein einen Anlass zur Beunruhigung?
6. Wie sehen die ideologischen Verhältnisse aus, die die Menschen prägen?

Anhand dieser Fragen ist zu erkennen, dass der Träger solcher Momente vornehmlich der Staat ist.

Die Aufgaben eines Staates sollten sein:

1. Für eine menschenwürdige Existenz für alle Mitglieder zu sorgen.
2. Für eine Stabilisierung der Gesellschaftsordnung alles mögliche zu tun.
3. Den Zugang an Bildung für alle Gesellschaftsmitglieder gleich gestalten.
4. Ungleichheiten zwischen den Gesellschaftsmitgliedern entgegentreten.
5. Vermeidung kriegerischer Auseinandersetzungen.

All diese Fragen geben bei genauem Hinsehen eine Antwort auf die real existierenden gesellschaftlichen Verhältnisse, dem gesellschaftlichen Sein im Ganzen.

Erweitern wir den Fragenkomplex in Bezug auf das gesellschaftliche Sein, was es prägt, fällt jedem auf, dass die Realität anders aussieht.

Was prägt die deutsche Gesellschaft und damit das gesellschaftliche Sein?

1. Marktwirtschaft.
2. Privateigentum an Produktionsmitteln.
3. Politisches System.
4. Föderalismus.
5. Zuwanderung und Klimaschutz.
6. Sind Streiks der arbeitenden Bevölkerung notwendig?
7. Kapitalistische Warenproduktion die den Weltmarkt erzeugt.

Von seitens der regierenden Stellen in der Bundesrepublik wird immer wieder von einem weltweiten Engagement für Frieden und Sicherheit gesprochen. Entspricht das der Realität? Es werden Waffen in alle Herren Länder geliefert und eine Kriegshetze gegen andere Länder veranstaltet, die in ihrem Handeln und Denken nicht in das ideologische Bild westlicher Prägung passen. Das alles ist alltägliche Praxis geworden. Hat das alles etwas mit Heuchelei und Lüge zu tun? Meint man wirklich das, was man sagt? Das gesellschaftliche Sein gibt uns täglich Antworten darauf.

Im Jahr 2011 wurde von zwei amerikanischen Forschern 5522 Amerikaner danach gefragt, wie viel Prozent des Reichtums in den USA den 20 % reichsten im Land gehört. Die durchschnittliche Schätzung/Person lag bei 58 %. An diesem Punkt wird hingewiesen, dass die ungleiche Vermögensverteilung dermaßen unterschätzt wurde, als wie sie tatsächlich ist. In Wirklichkeit besaßen diese 20 % genau 84 % des gesamten Reichtums Amerikas. Dieselben Fragen wurden den Demokraten und Republikanern gestellt. Die Demokraten lagen bei 30 % und die Republikaner bei 35 %.[8] Eine vollkommen verschobene Vorstellung wirklicher Verhältnisse.

Das gesellschaftliche Sein gibt ein entsprechendes Abbild im menschlichen Bewusstsein. Zudem kann man von einer Totalität sprechen. Die totale Entfaltung materiell gesellschaftlicher Verhältnisse ist, dass in allen Bereichen des gesellschaftlichen Lebens Bedingungen geschaffen werden, die den herrschenden gemäß sind.[9] Was die Politik im Besonderen in Deutschland betrifft, so sind konkrete Maßnahmen zum Wohle des eigenen Volkes Mangelware. Wo man sich aber enorm ins Zeug legt, sind Absichtserklärungen, Erarbeitungen von Leitlinien und Gedanken über Gesetzesveränderungen und Beschlüsse die gegen geltendes Recht versto-

---

8 Vgl. David G. Myers, Psychologie, 3. Auflage, 2014, Punkt 2.3. Statstische Argumentation im Alltagsleben, Springer-Verlag Berlin Heidelberg 2004, 2008, 2014, S. 36
9 Vgl. Deutsche Zeitschrift für Philosophie, 10-11, 22. Jahrgang 1974, VEB Deutscher Verlag der Wissenschaften Berlin, S. 1194

ßen. Mehr geht nicht. Dies führt zu unschönen gesellschaftlichen Erscheinungen. Das gesellschaftliche Sein widerspiegelt in allen Bereichen eine solche Politik.

Zusammenfassung
- Gesellschaftliches Sein ist das materielle Leben der Gesellschaft. Darunter wird der wirkliche gesellschaftliche Lebensprozess, die Gesamtheit materieller, gesellschaftlicher Existenzbedingungen und Verhältnisse und die Gesetzmäßigkeiten, die den gesamten Lebensprozess bestimmen, verstanden.
- Nur die materiellen Prozesse, die unmittelbar aus den gesellschaftlichen Verhältnissen hervorgehen sind gemeint.
- Bewusst und zweckmäßig handelnde Menschen sind am Werke, daher muss es ein materielles Sein geben, welches vom gesellschaftlichen Bewusstsein unabhängig existiert.
- Gesellschaft heißt soziales Leben. Es ist die Summe aller Beziehungen und Verhältnisse der Menschen. Es bildet einen eigenen, selbständigen Wirklichkeitsbereich, wo sich aus dem praktischen Lebensprozess eine spezifische Realität herausbildet. Dieses gesellschaftliche Sein wird durch das gesellschaftliche Bewusstsein widergespiegelt.
- Die jeweilige Gesellschaftsformation bestimmt das gesellschaftliche Sein durch die materiellen Lebensverhältnisse. Daraus ergibt sich eine ideologische Richtung.

Die materiellen Bedingungen des gesellschaftlichen Lebens gehen immer vom gesellschaftlichen Sein des Menschen aus

Gesellschaftliches Sein der Menschen = Das **materielle Leben der Gesellschaft** auf einer bestimmten Entwicklungsstufe der Gesellschaft.
Das **materielle Leben der Gesellschaft** wird von objektiven Gesetzen beherrscht, die von bestimmten materiellen Lebensbedingungen der Menschen hervorgebracht wird. Dies können wir an der Weise der Produktion festmachen, denn durch sie haben die Menschen eine bestimmte Art, ihr Leben zu äußern. So wie sie ihr Leben äußern, so sind sie. Es ist ihre Lebensweise.

Von den materiellen Lebensbedingungen hängt ab
- Was die Menschen sind
- In welcher gesell. Ordnung sie leben
- Wie die Gesellschaft beschaffen ist

} Danach richten sich Anschauungen und gesell. Einrichtungen

8.3. Wie sieht das gesellschaftliche Sein unserer heutigen kapitalistischen Welt aus

1. Eigentümer an den Produktionsmitteln.
2. Staatliche und gesellschaftliche Institutionen.
3. Politik, Wissenschaft und Kultur.
4. Medien- und Kommunikationswelt.
5. Bildungszustand.
6. Werte schaffender Mensch.
7. Rentner.
8. Menschen, die vom Müßiggang anderer Leben.
9. Fremde Kulturen.
10. Klassenstruktur.

- Die Gesellschaft stellt kein homogenes Ganzes dar. Es sind keine Gemeinsamkeiten zu entdecken.
- Vielparteiensystem als Ausdruck von Uneinigkeit.
- Wissenschaft, Kultur, Kunst, Sport und Gewerkschaften bewegen sich entsprechend den ideologischen Rahmenbedingungen. Menschen sind sich ihrer gesellschaftlichen Verhältnisse nicht bewusst.
- Globale Ausrichtung des Kapitals. (Arbeitsteilung + Kriege)
- Medien sind die ideologischen Verteidiger des gesellschaftlichen Seins ohne vorwärts strebenden Inhalt.
- Alle zerren in eine Richtung, nur nicht in eine Gemeinsame die allen nützt.

Gesellschaftstypische Erscheinungen
Korruption, Vetternwirtschaft, Machtbesessenheit, ideologische Engstirnigkeit, Verbrassen von Steuergeldern, Mord, Clanbildungen, Armut giganti-

scher Reichtum, flache Bildung, schlechte Geldverteilung, Hetze gegen Andersdenkende, Spaltung der Gesellschaft, Untergangsstimmungen, Diktatur des Geldes, stetige Preissteigerungen, Rüstungswahnsinn, aggressives Verhalten, Arbeitsplatzabbau, Lohnkürzungen, hohe Mieten, eine auf Profit ausgerichtete Pharmaindustrie, automatische jährliche Diätenerhöhungen von Politikern, Überwachungswahn, Genderwahn usw., usw., usw.

All diese Erscheinungen kommen nicht einfach so aus dem Nichts, sondern sind bedingt durch das gesellschaftliche Sein unter bestimmten Eigentumsverhältnissen.

Erklärung gesellschaftliches Sein (Kurzfassung)
- Die Menschen müssen produzieren, um ihre Bedürfnisse befriedigen zu können. Es ist eine gesellschaftliche Produktion, wo jeder verschiedene Produkte herstellt. Einer allein kann diese Vielfalt von Produkten der Bedürfnisbefriedigung nicht herstellen.
- In dieser gesellschaftlichen Produktion gehen die Menschen bestimmte notwendige Verhältnisse ein. Diese sind von ihren Willen unabhängige Verhältnisse.
- Diese Verhältnisse entsprechen jener vorherrschenden Entwicklungsstufe, die abhängig ist vom Entwicklungsstand der Produktivkräfte. Es ist die Gesamtheit dieser Produktionsverhältnisse, mit der man die ökonomische Struktur der betreffenden Gesellschaft vor Augen hat.
- Über diese Produktionsverhältnisse, die wir reale Basis nennen, erhebt sich ein juristischer und politischer Überbau, der den momentanen herrschenden gesellschaftlichen Bewusstseinsformen entspricht.
- Die Art und Weise der Produktion oder wie produziert wird, danach gestalten sich die Verhältnisse der Menschen zueinander und zeigen in den juristischen und politischen Institutionen ihre volle Pracht. Solche Gegebenheiten bedingen den sozialen, politischen und geistigen Lebensprozess der Menschen.

∑ Aus diesem gesellschaftlichen Sein leitet sich ihr gesellschaftliches Bewusstsein ab.

8.4. Das gesellschaftliche Bewusstsein

Der Ausgangspunkt für das gesellschaftliche Bewusstsein ist der Begriff „Bewusstsein". Bewusstsein ist die ideelle Widerspiegelung der äußeren, real existierenden Welt im menschlichen Kopf, mit all den Gefühlen, Gemütsbewegungen, Gedanken bis hin zur Seele und gibt eine gute Orientierung, in welchem Verhältnis sich der Mensch zu seiner Umgebung befindet. Es ist individuell, da der Mensch die Welt sehr unterschiedlich auffasst und interpretiert. Es wird geprägt von der historischen Epoche, in der er sich bewegt. Das geistige Leben einzelner sozialer Gruppen bis hin zur Gesellschaft entwickelt sich durch ihr Zusammenleben. Darunter ist der gesamte geistige Lebensprozess der Gesellschaft zu verstehen, der abhängig vom materiellen Lebensprozess und deren Widerspiegelung ist. Es sind die typischen Anschauungen, Auffassungen, Theorien, Überzeugungen, Werte, Normen sowie die vorzufindende gesellschaftliche Stimmung. Die Widerspiegelung der Welt wird in den verschiedenen gesellschaftlichen Bewusstseinsformen wie der Philosophie, Religion, Moral, Wissenschaft, Kunst und Ideologie festgehalten.

„Die materiellen Lebensbedingungen sind das Entscheidende in jeder Gesellschaftsformation"[10], von dem die Tätigkeit der Individuen ihren Ausgang nimmt und das gesellschaftliche Bewusstsein verändert [11] Diese Aussage ist ein ganz wichtiger Erkenntnisgegenstand. Es ist bei einem genauen Hinschauen offensichtlich, dass der Bewusstseinstyp erkannt werden kann anhand von politischen und ideologischen Anschauungen und Theorien. Wir wissen, dass gesellschaftliche Verhältnisse durch eine bewusste Tätigkeit der Menschen entstehen. Diese Erkenntnis soll nicht nur auf das ideelle Abbild der gesellschaftlichen Beziehungen der Menschen untereinander reduziert werden, sondern die Gesamtheit aller geistigen Gebilde im Lebensprozess einer Gesellschaft oder der Gesellschaften rückt in den Fokus. Das gesellschaftliche Bewusstsein wird aus den materiellen Lebensbedingungen der Gesellschaft abgeleitet, was wir als gesellschaftliches Sein definieren. Das Ganze ist immer verbunden mit der spezifischen historischen Form, wie der Mensch sich mit der Natur auseinandersetzt und welche ideologischen Verhältnisse dem vorangestellt sind.

---

10 Werner Müller und Dieter Uhlig: Gesellschaft und Bewußtsein, Dietz Verlag Berlin 1980, S. 59/60
11 Vgl. Ebd., S. 60

Ewig lange wissenschaftliche Untersuchungen haben zudem Ergebnis geführt, dass das gesellschaftliche Bewusstsein die Widersprüche des gesellschaftlichen Seins in sich trägt. Ganze geschichtliche Epochen und Systeme von Ländern in Raum und Zeit gesehen, sind unser Blickfeld. Konkret heißt das, dass keine Menschengruppe oder nur ein einzelnes Land gemeint ist. Sollte es mit dieser Aussage einen Widerspruch geben mit den bisher dargelegten Gedanken, so ist es eine wissenschaftliche Methode, wo man vom Allgemeinen zum Konkreten übergeht. Durch das gesellschaftliche Bewusstsein sind ideelle Prozesse in den einzelnen Gesellschaften feststellbar. Es begegnen uns ideologische und weltanschauliche Formen, indem sich das geistige Leben, die geistige Beschaffenheit der Menschen in der betreffenden Gesellschaft abspielt. Sämtliche geistige Äußerungen der Menschen sind gesellschaftlich bedingt. An dieser Stelle kann man mit Fug und Recht behaupten, dass das gesellschaftliche Bewusstsein ein Produkt der gesellschaftlichen Entwicklung ist.

Es sind nicht alle Bereiche des gesellschaftlichen Bewusstseins in gleicher Weise mit Interessen verknüpft, aber geformt werden alle letztendlich von den bestehenden Verhältnissen der betreffenden Gesellschaftsordnung. Kommt es im Laufe der Zeit zu Widersprüchen, die die betreffende Gesellschaft nicht mehr kontrollieren und beeinflussen kann, drängen die Umstände zu einer Lösung, die letztendlich auf Veränderungen gesellschaftlicher Zustände hinauslaufen kann oder zu einer neuen Qualität innerhalb der bestehenden Gesellschaft sich formiert. Das daraus entstehende kritische Bewusstsein der Massen erfasst das gesellschaftliche Sein in seiner ganzen Widersprüchlichkeit und deren Dynamik. Ist ein bestimmtes Maß an quantitativen Vorgängen und Entwicklungen erreicht, kommt es zu einem Qualitätssprung, die eine grundlegende Veränderung und Entwicklung in der menschlichen Gesellschaft nach sich zieht. Es ist eine historisch wandelbare gesellschaftliche Erscheinung. Das gesellschaftliche Bewusstsein kann nicht ohne ein individuelles Bewusstsein der Menschen existieren. Nicht alles im individuellen Bewusstsein ist wiederum als gesellschaftliches Bewusstsein anzusehen. Die Widerspiegelung der persönlichen Lebensbedingungen, seine Eigenart der individuellen Gefühle und seine geistige Bewegung werden im gesellschaftlichen Bewusstsein nicht erfasst. Es bleibt in diesem Fall wirklich individuell. Daraus ergibt sich die Erkenntnis, dass nicht der einzelne Mensch Träger des gesellschaftlichen

Bewusstseins ist, sondern bestimmte soziale Gruppen bis hin zur gesamten Menschheit.

Wie ist das zu erklären? Die Masse muss praktisch tätig werden um Leben zu können. Der Mensch verkauft seine Arbeitskraft für einen ausgemachten Betrag, den man Lohn oder Gehalt nennt. Wem verkauft er seine Arbeitskraft? Ist es der Meier, Schulze oder Lehmann, der Tag ein und Tag aus arbeiten muss? Mit Sicherheit nicht. Sie gehören zu einer sozialen Gruppe, wir können es auch Klasse im erweiterten Sinne nennen, die eine andere Stellung zu den Maschinen, Arbeitsmitteln und den Gebäuden einnimmt. Diese gehören Ihnen nicht. Ihnen gehört nichts davon. Je nachdem, welche Stellung man zu den Produktionsmitteln einnimmt, je nachdem liegt ein eigenes gesellschaftliches Bewusstsein zugrunde, worin auch eine andere Interessenlage besteht. Es ist unbestritten, dass die Eigentümer großer Konzerne, Werke, Fabriken oder Boden nicht dasselbe Bewusstsein aufweisen wie der Meier, Schulze und Lehmann, der täglich zur Arbeit gehen muss. Deutlich wird ihm seine Lage aber erst wenn er vom Stellenabbau betroffen ist und arbeitslos wird.

Die herrschende Ideologie spielt eine ganz entscheidende Rolle, die in den gewonnenen Anschauungen über das gesellschaftliche Leben ihren Ausdruck findet. Hier leisten die bürgerlichen Meinungsmacher gute Arbeit. Sie bringen es tatsächlich fertig, den Menschen in den Glauben zu versetzen, wenn sie Aktienanteile kaufen oder besitzen, dann ebenfalls in die Gruppe der Besitzenden aufgestiegen zu sein. Wenn der Betreffende Überstunden machen muss oder gar arbeitslos wird, kann er darüber noch einmal nachdenken. Er streikt zwar und ist mit vielem nicht einverstanden, bleibt aber mit seinen Forderungen im Rahmen der gesellschaftlichen Verhältnisse. Es gibt keine qualitative Veränderung im Denken und seiner sozialen Lage. Damit kann festgestellt werden, dass das gesellschaftliche Sein das gesellschaftliche Bewusstsein bestimmt und in seiner Entwicklung hinter dem gesellschaftlichen Sein hinterher läuft. Es folgt nicht automatisch den Veränderungen des gesellschaftlichen Seins. Es bereitet nur den Boden für die Richtung der geistigen Verarbeitung vor und ist einem äußerst langem Prozess unterworfen.

Dem Ganzen liegt ein eigenes gesellschaftliches Sein zugrunde, woraus sich ein dementsprechendes gesellschaftliches Bewusstsein entwickelt. Das gesellschaftliche Bewusstsein betrifft alle Klassen, Schichten oder

Gruppen einer Gesellschaft. Kommt es mit der Zeit zu heranreifenden Zuständen, die nicht mehr im gewohnten Rahmen zu beherrschen sind, steht ein qualitativer Sprung im gesellschaftlichen Sein und gesellschaftlichen Bewusstsein bevor. Das Verstehen der Dialektik zwischen dem gesellschaftlichen Bewusstsein durch das gesellschaftliche Sein ist ein unerhörter, komplizierter und vielschichtiger Bewegungsprozess von Wechselwirkungen. Die Welt alleine befriedigt auf Dauer die Menschen nicht. Er muss handeln, um sie für seine Bedürfnisse umzuformen. Damit haben wir eine soziale Aktivität des gesellschaftlichen Bewusstseins.

Nun erhebt eine solche materialistische Theorie auch noch den Anspruch, in die Zukunft sehen zu können, oder anders ausgedrückt, ein geistiges Vordringen in die Zukunft möglich zu machen. Der Blick in die Zukunft ist bei den Menschen mit bestimmten Vorstellungen behaftet, was geschehen soll. Dieser Denkprozess ist die Basis eines menschlichen planmäßigen Handelns. Die Grundlage für ein solches geistiges Vordringen in die Zukunft ist die Kenntnis der gesellschaftlichen Abläufe und ihren ablaufenden Gesetzmäßigkeiten der Gegenwart. Betrachtet man einen bestimmten geografischen Teil, sei es Deutschland, Europa oder die Welt, so sind Tendenzen zu erkennen, wohin die Reise gehen wird. Wird gefragt, wie die Planung der nächsten Jahre und dessen Verwirklichung komplexer Programme für die Zukunft aussehen, flüchtet man ständig in kleinen Reförmchen. Da drängen sich schon die nächsten Zweifel auf:

1. Sind es politische Entscheidungen die die Gesellschaft wirklich vervollkommnet, oder wird deren Entwicklung gehemmt?
2. Wird die Gesellschaft dadurch gespalten?
3. Wird eine Homogenität der ganzen Gesellschaft erreicht?
4. Wie wirkt sich die Politik auf die Meinungsstruktur aus?
5. In welchem Interesse wird Wissenschaft und Forschung betrieben?

Diese Fragen geben eine aufschlussreiche Antwort. Ist keine allseitige harmonische Entwicklung in allen Sphären des gesellschaftlichen Lebens zu erkennen, so sieht dementsprechend auch die Zukunftsprognose aus, die sich äußert in einer Steigerung der Armut, massiven Preissteigerungen, erhöhte und neu erdachte Abgaben, die der Bürger an den Staat oder Kommune zu entrichten hat, Bildungsschwäche, kleine Reformen, die nichts bringen, steigende Staatsverschuldung bis hin zur kriegerischen Auseinandersetzung verschiedener Völker und einer weiteren Aufblähung staatlicher Institutionen mit etlichen Personen, die den Anforderungen nicht genügen. Würde man an einer Überwindung solch übler Erscheinungen in der Gesellschaft wirklich interessiert sein, so würde das System weiter nach vorne schreiten und sich positiv für die Menschen entwickeln. Das setzt eine Veränderung der Erziehung und Bildung, der ideologischen Arbeit und auch einer Veränderung der Psychologie aller in der Gesellschaft voraus. Ideen alleine verändern die Welt nicht, nur ein aktiv werden der Volksmassen wirkt sich erst einmal zwingend auf die gesellschaftliche Entwicklung aus und die muss im Bewusstsein der Menschen ankommen. Bewusst formulierte gesellschaftliche Zwecke und Ziele können nur dann verwirklicht werden, wenn sie den objektiven Entwicklungsgesetzen der Gesellschaft entsprechen, das heißt eine richtige Ableitung erfahren.

Zusammenfassung
- Bewusstsein ist die ideelle Widerspiegelung der äußeren, real existierenden Welt im menschlichen Kopf.
- Ein entstehendes kritisches Bewusstsein der Menschen erfasst mit der Zeit das gesellschaftliche Sein.
- Träger des gesellschaftlichen Bewusstseins ist nicht das einzelne Individuum, sondern bestimmte soziale Gruppen.
- Das geistige Leben der Gesellschaft, inklusive sozialer Gruppen, entwickelt sich durch ihr Zusammenleben.
- Unterschied zwischen gesellschaftliches Bewusstsein und Bewusstsein beachten. Ihre persönlichen Lebensbedingungen, ihre Eigenart der individuellen Gefühle und die geistige Bewegung werden nicht im gesellschaftlichen Bewusstsein erfasst. Damit kann der einzelne Mensch nicht Träger des gesellschaftlichen Bewusstseins sein.
- Den gesellschaftlichen Gegebenheiten liegt ein eigenes gesellschaftliches Sein zugrunde.
- Möglichkeit von annähernden richtigen Schlussfolgerungen für die Zukunft.
- Erkennen von Tendenzen gesellschaftlicher Abläufe.

8.5. Gesellschaftliches Bewusstsein und die öffentliche Meinung

Das geistige Leben einer Gesellschaft ist geprägt von der Gesamtheit der Gefühle, der Gesinnungen, Ideen, Theorien und Anschauungen. Im gesellschaftlichen Bewusstsein werden die Widersprüche des gesellschaftlichen Seins sichtbar. Die verschiedenen Interessen unterschiedlicher Personengruppen, die Vorstellungen der verschiedenen Gesellschaftsschichten bis hin zur Gesellschaft im Ganzen zeigen das riesige Spektrum von vielschichtigen geistigen Erscheinungen in allen Bereichen des gesellschaftlichen Lebens. Seit jeher wird von den Machthabern versucht, dass Bewusstsein der Allgemeinheit für die eigenen Interessen zu beeinflussen. Diese kleine Minderheit, die die Macht in ihren Händen konzentriert, ist stetig bestrebt, mit all den ihr zur Verfügung stehenden Mitteln die Allgemeinheit so zu beeinflussen, um ihre Macht und gesellschaftlichen Stand zu sichern. Die öffentliche Meinung wird somit nach ihren Interessen gelenkt und beeinflusst. Die Politiker beeinflussen unverhohlen, unverfroren und ohne Scham die öffentliche Meinung. Die Mehrheit folgt der öffentlichen Meinung, die jedoch nicht immer die Veränderungen der Gesellschaft widerspiegeln. Die andere Seite ist, dass die Äußerungen der Politiker nicht mit dem objektiven Zustand der Realität übereinstimmt.

Man orientiert sich in der heutigen westlichen Welt nicht mehr an gesellschaftliche Notwendigkeiten, die einem Volke zugutekommen, sondern bewegt sich nur noch in seinem eigenen ideologischen Spektrum. Ein großer Teil der Menschen selber verzichten zuweilen auf eine eigene Bewertung der gesellschaftlichen Zustände. Sie nehmen alles ohne zu hinterfragen hin, werden unbelehrbar, lehnen Kompromisse ab und sind für Kritik nicht mehr empfänglich und fühlen sich angegriffen. Man verzichtet unter Umständen auf eine eigene Sicht der gesellschaftlichen Verhältnisse und den auftretenden Erscheinungen und Übeln.

Das sogenannte Kleinbürgertum ist mit einer begrenzten Intelligenz behaftet, zeigt keinerlei Initiative und hemmt mit ihrer Sorglosigkeit und desinteressierten Einstellung die gesellschaftliche Entwicklung in ihrem Tempo. Eine passive Masse ist das Bild, die der Meinung sei, dass sie Träger der moralischen Wahrheit wäre. Es gibt viele verschiedene Bewusstseinsrichtungen und es entwickeln sich neue. Veganer, Kleingeister, Klimabefürworter, Kriegsbefürworter, Atomkraftgegner, Straßenkleber, Coronagegner bis hin zum Einfluss fremder Kulturen prägen das heutige Bild. Es ist kein

Interesse an einer erfolgreichen Gestaltung des Landes oder einer gesellschaftlichen Entwicklung vorhanden. Die Jugend wird nicht befähigt Probleme zu lösen und Schwierigkeiten zu überwinden, sondern wird nur noch auf Probleme hingewiesen. Wie soll auch eine gute Erziehung funktionieren, wenn selbst die Erzieher schlecht erzogen sind. Man ist stolz und verweist auf eine pluralistische Gesellschaft. Pluralismus ist auf der einen Seite gut und kann förderlich wirken. Auf der anderen Seite besitzt der Pluralismus heute keine Grundlage, welches die Gesellschaft nach vorne bringt. Jeder zerrt in eine Richtung, nur nicht in die Richtige. An diesem Punkt kann man wirklich sagen, dass die Freiheit der Kritik zerstörerische Kräfte besitzt. Der Westen veranstaltet einen ideologischen Krieg gegen alles, was nicht seinen Werten und Vorstellungen entspricht. Unsere liberale Ordnung lehnt einige autoritäre Staaten ab, obwohl man immer wieder das Wort „freier Wettbewerb" gebraucht. Stattdessen wird eine Sanktion nach der anderen auf den Weg gebracht, die letztendlich uns mehr Schaden als Nutzen bringen.

Die Gewohnheit bestimmt die Masse mehr als die sichere Erkenntnis. Man lässt sich von der medienpolitischen Massenarbeit einlullen. Es ist eine bewusste Spaltung der Masse in ihren Ansichten und Verhalten. Das Volk bildet keine homogene Einheit. Für die Herrschenden und Politik ein idealer Zustand. Politiker gehen nur noch von etwas aus oder sind von einer Sache überzeugt. Wenn ein Minister sagt, "Er kann sich das vorstellen", reicht das für die Masse schon aus und denkt nicht weiter nach. Sie berufen sich auf Grundlagen, die keiner prüft. Man redet über Dinge, wo nichts gesagt wird. Die Politiker sollten besser manches unterlassen, auch wenn es einigen Nutzen verspricht. Besser ist es, eine Politik zustande zu bringen, was für unsere Nachkommen größere Vorteile bringt. Die Wissenschaft muss sich monetären Zwecken unterwerfen und lässt sich in vielen Dingen vor den politischen Karren spannen. Sie glauben mehr, als was sie wissen. Bei diesen liberalen Verhältnissen, wo aus der Wissenschaft sogar noch ein Gewerbe gemacht wird, ist die Wahrheit weit entfernt. Es sind Erscheinungen, die eine Tendenz erkennen lässt, wo eine schnelle und gut durchdachte Entwicklung in der Gesellschaft nicht funktionieren kann. Man rennt den Ereignissen beständig hinterher. Die Gesellschaft ist geprägt von Spontaneität. Es gibt keine bewusste Gestaltung der Gesellschaft und es fehlt an ein weitsichtiges, theoretisch fundiertes Gesellschaftskonzept. Alles wird den Selbstlauf überlassen und man rennt irgendwelchen Hirngespinsten hinterher. Dies widerspiegelt sich in den Wahlergebnissen. Parteien, die Regierung und das Parlament verfolgen eine bestimmte politische Richtung. Die Medien, als eingesetztes Machtmittel, prägt die öffentliche Meinung, die öffentliche Meinung bestimmt das Wahlergebnis und auf dem Wahlergebnis beruht wiederum die parlamentarische Zusammensetzung. Diese Tatsache gepaart mit einer schmalspurigen Ausbildung der Masse macht die Beeinflussung auf die menschliche Seele besonders einfach. Zudem werden die westlichen Glaubensdogmen für den einfachen Bürger zudem geschmeidig gemacht.

Die Hauptfrage ist, wer die politische Macht besitzt und wer die Gesellschaft führt. Es herrscht ein bestimmtes Bewusstsein, welches von der politischen Organisation und politischen Praxis in der betreffenden Gesellschaft abhängt. Daraus lässt sich ableiten, ob der Mensch nur als Objekt gesehen wird und stupide seine Arbeit zu erledigen hat oder werden Menschen so gebildet und erzogen, dass sie die Gesetze der gesellschaftlichen Entwicklung erkennen und auf dieser Grundlage dieses Wissens mit Sachkunde frei über ihr Leben entscheiden können. Damit gestalten sie ihren gesellschaftlichen Lebensprozess bewusst selber. Dann entsprechen erst die Ziele der Politik den Interessen der Menschen und schaffen sich damit den ganzen alten Dreck vom Halse. Der Idealfall wäre, dass Staat-Politik-Volk eine organische Einheit bilden. Man geht mit Bewusstheit, Planmäßigkeit, Organisation und Leitung im Sinne der ganzen Gesellschaft an die Arbeit. Es entwickelt sich ein gesellschaftliches Bedürfnis, die Umgestaltung der Wirklichkeit besser zu erfassen und sie zu durchdenken. Eine Veränderung des Bewusstseins heißt eine Veränderung des Menschen selber. Die Einsicht in die gesellschaftlichen Verhältnisse widerspiegelt das Sein, dass heißt, dass der Mensch sich erst über die gesellschaftlichen Verhältnisse im klaren sein muss, dann können wir erst von einem Übergang zu einem bewussten gesellschaftlichen Bewusstsein reden. Und da Bewusstsein Widerspiegelung ist, kommt es darauf an, ob die Widerspiegelung falsch, oberflächlich, tief oder richtig ist. Eine Ausnutzung der Erkenntnis der Gesetze für das praktische Handeln erfordert ein tieferes Eindingen in die inhaltliche Struktur von Gesetzen. Sind es spontane Entscheidungen, so sind keine Kenntnisse vorhanden.

8.6. Das gesellschaftliche Bewusstsein als Widerspiegelung des gesellschaftlichen Seins und dessen Verhältnis

Das gesellschaftliche Leben wird in einer sehr sinnvollen Vereinigung im gesellschaftlichen Sein und gesellschaftlichen Bewusstsein eingeteilt. Es bleiben aber noch Fragen offen, wie es sich zum gesellschaftlichen Sein verhält und wie das gesellschaftliche Bewusstsein entsteht und sich entwickelt? Wir wissen jetzt, dass das Bewusstsein eine Widerspiegelung des Seins ist. Eine gedankliche Widerspiegelung der Realität, die von der Gesellschaft geprägt und durch sie bedingt wird. Eine Fähigkeit, die durch den Prozess der Arbeit erst ermöglicht wird. Trotzdem ist Vorsicht geboten. Menschliches Bewusstsein und gesellschaftliches Bewusstsein sind nicht miteinander identisch. Es gibt Unterschiede. Das menschliche Bewusstsein mit all seinen Empfindungen, Erfahrungen, Gefühlen, Vorstellungen, Gedanken und Ideen ist nichts anderes als eine Rückkopplung des materiellen Seins. Diese Aussage haben wir bereits schon kennengelernt. Das materielle Sein hat nichts mit dem gesellschaftlichen Sein zu tun. Trotzdem ist es erforderlich, den Begriff „Materie" in dieser Begriffsbestimmung mit einfließen zu lassen, da Materie nicht bloß das natürliche Sein, sondern auch das gesellschaftliche Sein mit bestimmt. Hier muss aufgepasst werden, wie in den vorhergehenden Ausführungen darauf hingewiesen wurde, dass das gesellschaftliche Sein nicht identisch ist mit Materie. Wird aber die Materie im gesellschaftlichen Bewusstseinsbegriff gedanklich mit verwendet, erschließt sich uns die Möglichkeit, das Verhältnis von Denken und Sein historisch aufzufassen und je nach den historischen materiellen Bedingungen der zu bestimmenden Zeitspanne oder Epoche seine Veränderung von Sein und Denken zu begreifen.

Das menschliche Bewusstsein entsteht und entwickelt sich nicht nur durch die Natur alleine, sondern ganz besonders durch die bestehenden materiellen Verhältnisse. Der Mensch wirkt aktiv auf die Natur ein, das heißt, er verändert sie. In dem Maße, wie er die Natur für seine Bedürfnisse umformt, so verändert sich zwangsläufig auch der Mensch selber. Das Sein verändert sich und damit auch das Bewusstsein. Man muss hier einen gedanklichen Sprung von der Natur hin zur Gesellschaft wagen. Man sieht nicht nur die Naturauffassung, sondern beachtet und begreift auch die Notwendigkeit einer Geschichtsauffassung menschlicher Gesellschaften. Ist man dazu nicht in der Lage, welches meist aus politisch-ideologischen

Gründen motiviert ist, können Eigenschaften und Gesetzmäßigkeiten des gesellschaftlichen Seins kaum erfasst werden. Man bleibt weiter im alten Denkschema haften, dass die gesellschaftliche Ordnung eine natürliche Ordnung sei, genau so wie der Mensch als natürliches Wesen angesehen wird, wo dass Denken und sein Bewusstsein ein cooles Produkt unseres Gehirns ist. Ein großer Kreis an Ideologen fasst diese Meinung als absolut auf. Das gesellschaftliche Sein beinhaltet eine Wechselwirkung zwischen dem Leben und Bewusstsein der Menschen mit ihrem aktiven schöpferischen Handeln. Das gesellschaftliche Bewusstsein ist dagegen das geistige Leben der Gesellschaft mit all ihren historisch entstandenen Klassen, Schichten und Gruppen. Das gesellschaftliche Sein ist das gesamte System der materiellen Verhältnisse und Beziehungen der Menschen untereinander, ihr praktisch-tätiges Leben und ihre Auseinandersetzung mit der Natur.

Hier muss wieder Unterschieden werden zwischen dem materiellen und ihrem geistigen Leben der Menschen. Das geistige Leben kann man auch als Leben der Ideen bezeichnen. Dieses gesellschaftliche Leben weist zwei qualitative Seiten auf:

1. Das materielle Leben und die materiellen Verhältnisse.
2. Das geistige Leben und die ideologischen Verhältnisse.

Das wirkliche Leben der Menschen ist nicht auf das geistige Leben, dass heißt auf die theoretische Tätigkeit reduzier bar, da es für jeden Werte schaffenden Tätigen ein reales materielles Verhältnis darstellt, ein Verhältnis welches real existiert. Es wird ja nicht aufgehoben, wenn der Arbeiter es gedanklich überwindet. Damit ändert sich nichts an seiner wirklichen Lage. Hier kann festgestellt werden, dass die materiellen Verhältnisse die bestimmenden sind. Freiheit und Gleichheit wollen die Menschen nicht bloß als eine Idee sehen die in einer Verfassung verankert ist, sondern sie wollen es erleben und fühlen. Wie die Geschichte der Menschheit uns bisher gelehrt hat, liegt hier die Kraft an Veränderungen, da die schaffende Masse sich immer mehr ihrem materiellen Sein bewusst wird. Sie will das gesellschaftliche Sein verändern, wo alles dem Menschen zugänglich gemacht wird, wo er es braucht und ihn zu fördern vermag.

Heute umgibt uns ein Gesellschaftsleben, an dem man verzweifeln könnte, wenn man nicht wüste, dass es besser geht und so mancher hat die Bestrebungen, die Dinge mit einem neuen Geist zu erfüllen. Versprechungen, die ein inneres seelisches Glück versprechen, wird keine Ewigkeit halten. Das hat man seit Jahrhunderten versucht. Eine Ablenkung vom wirklichen Leben scheint zwar eine Zeit lang zu wirken, aber die Probleme häufen sich an, wo dann eine quantitative Stufe erreicht wird, wo alles ins Wanken gerät. Jetzt könnte man behaupten, dass es möglich sei, frei entscheiden zu können, sich irgendeine Gesellschaftsformation oder irgendwelche gesellschaftlichen Verhältnisse auszusuchen. Dies muss ganz entschieden mit einem nein beantwortet werden, da es abhängig vom Entwicklungsstand der Mittel ist, die zur Produktion notwendig sind. Aus ihnen entwickelt sich eine entsprechende Form des Verkehrs und der Konsumtion. Warum fällt es den Menschen jedoch so schwer, die Zusammenhänge ihres Lebens zu begreifen? Die Entwicklung und Veränderung des gesellschaftlichen Seins ist ein äußerst komplizierter Prozess, der voller Widersprüche ist. Diese Gesamtheit der gesellschaftlichen Lebensbeziehungen in ihrer ganzen Vielfalt und Widersprüchlichkeit zu begreifen, setzt eine ganze Menge an Wissen und innerer Einstellung zur Sache voraus. Das ist notwendig, um das gesellschaftliche Bewusstsein in seiner Vielfalt der Formen zu erkennen. Will man die Frage beantworten, wie das gesellschaftliche Sein heute aussieht, muss man ein enorm großes Feld abscannen und in seiner historischen Folge nachvollziehen. Die materiellen Beziehungen der Menschen untereinander, ihre Interessen, Bedürfnisse, die zunehmenden sozialen Spannungen, die Konflikte in der Welt und die Spaltung der Menschen im politischen Denken gestaltet sich in der heutigen Zeit anders als in der Vergangenheit der Menschheitsgeschichte. Kriege, Korruption und Unterdrückung vollziehen sich heute weltweit in einem solchem qualitativen Ausmaß, welches es so vorher nicht gegeben hat. An dieser Stelle wird deutlich, dass das gesellschaftliche Sein nicht nur auf räumliche Grenzen betrachtet werden kann. Ein weiterer Fehler wäre das gesellschaftliche Sein im menschlichen Kopf als einen einfachen Spiegelreflex der Realität anzusehen. In einer menschlichen Gesellschaft gehen aus den millionenfach praktischen Tätigkeiten der Menschen ständig Veränderungen in unterschiedlicher Größe vor sich. Ein Mensch kann naturgemäß diese ganze Fülle von Vorgängen und stetigen Veränderungen nicht im Gesamten aufnehmen, sondern er kann nur einen eng begrenzten Ausschnitt aus diesem ganzem Treibens nachvollziehen. Hierin liegt der Sinn von verschiedenen Wissensgebieten.

Jedes Wissensgebiet hat seinen eigenen Bildungswert dadurch, dass vieles gelernt werden muss, ehe man auf den grundlegenden Erkenntnissen die höheren Aufbauen kann. Jedes Fach besitzt zudem seinen eigenen Blickwinkel, der in der geistigen Verarbeitung in seiner Gesamtheit der Menschheit viel bietet. In der Endkonsequenz muss festgestellt werden, dass ein neues Bewusstsein im Volk in einen gesellschaftlichen Organismus erst reifen muss. Wir wissen, dass die Beziehungen der Menschen in den verschiedenen Staaten von unterschiedlicher Gestalt ist. Das von der "Puppenkiste" mitgebrachte Bewusstsein in den Vorstellungen, Auffassungen, Ideen bis hin zur Handlung ist äußerst verschiedenartig. Die häusliche Erziehung, die Schule, die Religion und die daraus gewonnenen Erfahrungen prägen die Menschen für ihr gesamtes Leben. Grob betrachtet ist ein Mensch mit 14 Lebensjahren vom Grund her fertig geprägt. Eine Realität, die viele politische Organisationen nicht begreifen oder begreifen wollen. Wichtig ist das Gemeinsame, was uns Menschen ausmacht. Dazu gehört, dass jeder dem anderen gegenüber Respekt und Achtung zeigt. Das er sich nicht nur mit seinem eigenen Schicksal befasst, sondern auch das Schicksal anderer ihm wichtig erscheinen. In einer Gesellschaft jedoch, wo das Volk für die Obrigkeit nichts anders als eine Summe von Menschen ist, die in den Grenzen eines Staates leben, kann ein solches Verständnis nicht herrschen. Man erblickt in der heutigen westlichen Welt den Einzelmenschen als letzten Wert. Das prägt das gesellschaftliche Bewusstsein. Damit bleibt die Masse im Rahmen des gesellschaftlichen Seins befangen, bis sich notwendiger Weise gewaltige Veränderungen ankündigen.

Sind die Inhaber der Macht nicht in der Lage, diese zu erkennen, bekommt die ganze Sache einen schnelleren Lauf in Richtung Veränderung. Am Ende kommt etwas heraus, was man so nicht gewollt hat. Es ist vollkommen egal, was die Herrschaften sich einfallen lassen, das gesellschaftliche Bewusstsein wird von seinen sozialen Wesen her immer ein Bewusstsein bleiben, welches die Stellung des Einzelnen in einer Gesellschaft verrät. Danach richtet sich seine Einstellung und Handlung. Derjenige, der seine Arbeitskraft verkaufen muss, wird ein anderes Bewusstsein entwickeln als jener, der vom Müßiggang anderer lebt. Ein solcher Zustand stellt keine Ewigkeit dar. Die Entwicklung wird in eine Richtung gehen, wo die Gesellschaft alle anspricht, trotz der unterschiedlichen Vergangenheit, Herkunft, Religion und Lebenserfahrung. Spätestens dann wird man sich mit den gesellschaftlich wirkenden Gesetzen befassen müssen, um Bedingungen zu schaffen, die alle umfasst zum persönichen und gemeinschaftlichen Wohlergehen. Man kommt ab von einem bornierten Alltagsbewusstsein und fängt an, über die eigenen engen Grenzen des täglichen Lebens hinauszublicken.

9. Die gesellschaftlichen Gesetze und ihr objektiver Charakter

In allen Bereichen des gesellschaftlichen Lebens, ob es in der Produktion, der Politik oder im geistigen Lebensprozess ist, wirken gesellschaftliche Gesetze. Deshalb besitzen sie objektiven Charakter und sind an das menschliche Handeln gebunden. Nur das menschliche Handeln setzt gesellschaftliche Gesetze in Bewegung, das heißt, sie wirken nur dort, wo auch Menschen aktiv tätig sind. Und wo Menschen existieren, treten Bedürfnisse und Interessen auf. Ihre Bedürfnisse und ihre Interessen bilden die Kraft im Bewegungsprozess gesellschaftlicher Gesetze. Die Menschen verspüren ein verlangen nach schöpferischer Tätigkeit und Konsumierung, der im Prozess der gesellschaftlichen Arbeit seinen Ursprung findet. Es entwickeln sich Bedürfnisse, die sie befriedigen wollen, woraus ein Streben hervorgeht, um den Mangel zu überwinden. Das aufkommende Streben der Menschen ist somit Interessengeleitet.

Interesse ist eine handlungsorientierte Eigenschaft jedes Einzelnen in Form seiner Persönlichkeit, seine Einstellung zu den Dingen, den Gedanken und seine Absichten, die sich auf bestimmte Dinge, Gegenstände und Erscheinungen der uns umgebenden Welt richtet. Es ist eine spezielle Form, welches die Bedürfnisse vom einzelnen Individuum bis hin zu gesellschaftlichen Gruppen und Klassen reguliert. Aus der gesellschaftlichen Stellung heraus ergeben sich objektive Interessen, in den sich die Bedürfnisse widerspiegeln. Damit kann Folgendes festgestellt werden. Ein zielorientiertes Handeln entsteht durch Bedürfnisse und Interessen. Das Niveau der Befriedigung der Bedürfnisse drückt sich im Lebensstandard aus, das heißt in den vorhandenen Arbeits- und Lebensbedingungen der Menschen.

Das Interesse stellt eine Vermittlung zwischen den gesellschaftlichen Verhältnissen und den Absichten und Wünschen dar, die in der Ideologie ihren Ausdruck findet. Desto vielgestaltiger die Tätigkeiten der Menschen sind, umso umfassender werden ihre Interessen. Wird eine Übereinstimmung des grundlegenden gesellschaftlichen Interesses mit den persönlichen und kollektiven Interessen erreicht, erhöht sich der Reichtum der Gesellschaft sowie die materiellen und kulturellen Bedürfnisse.

Bei Betrachtung der heutigen Situation in vielen Ländern und in der Welt stellt sich die Frage, ob die gesellschaftlichen Erfordernisse den Interessen einzelner auch immer gerecht wird. Damit rückt eine genaue Überprüfung der gesellschaftlichen und ökonomischen Entwicklung in den Fokus. Nach heutigem Kenntnisstand wissen wir, dass die materielle Welt sich nach ihren innewohnenden Gesetzen bewegt. Alles in der Natur bestehende ist in irgendeiner Weise mit allen anderen verbunden. Wir nennen es die materielle Einheit der Welt. Alle Erscheinungen und Vorgänge stehen in einem Zusammenhang. Daraus ergibt sich, dass die menschliche Gesellschaft, die ein Teil der objektiven Welt ausmacht, keine Ausnahme sein kann. Es gibt viele nationale Besonderheiten und Traditionen, die spezielle Erscheinungsformen aus sich entwickeln lassen. Alle sind gleichermaßen in der Natur und in der Gesellschaft objektiven, wesentlichen und notwendigen Zusammenhängen unterworfen. Sie sind allgemeingültig und beständig bei Vorfinden entsprechender Bedingungen. Das Wesentliche ist die Qualität des Prozesses, dass Besondere, was die Länder voneinander unterscheidet, und das Allgemeine oder das Gemeinsame, was die Länder verbindet. Es sind allgemeingültige Gesetzmäßigkeiten. Diese Zusammenhänge ausfindig zu machen für eine bessere Orientierung der Menschen in der Zukunft, ist die Aufgabe des historischen Materialismus.

Damit der Mensch auf die Bewegung der Gesetze Einfluss nehmen kann, müssen die Menschen sich ihren objektiven Interessen bewusst werden, erst dann können sie sich konkrete Ziele setzen. Diese subjektive menschliche Tätigkeit und die objektiven gesellschaftlichen Gesetze bilden eine widerspruchsvolle Einheit, die der gesellschaftlichen Bewegung und ihrer Entwicklung zugrunde liegt.

Etliche Soziologen heute lehnen Entwicklungsgesetze in der Gesellschaft ab oder ignorieren sie einfach. Soziale Gesetze werden nicht als objektive, vom menschlichen Belieben unabhängige Zusammenhänge der Realität aufgefasst. Eine Erklärung erfolgt aus theoretischen Konstruktionen oder beliebig modifizierten Schicklichkeiten. Damit kommt man zu den Regeln des Umgangs und eines sozialen Verhaltens, die für die Gesellschaft als Verhaltensnorm gelten. Es soll ein bestimmtes gesellschaftliches Handeln bewirken, wo die Gesellschaft durch Vernunft und Einsicht geregelt wird. Selbst von diesen guten Grundsätzen kommt man ab. Das setzt nämlich eine gute Bildung voraus und eine Achtung gegenüber dem Staat und der Gesellschaft, wo Ordnung und eine gewisse Disziplin herrschen.

Zusammenfassung
- In allen Bereichen des gesellschaftlichen Lebens wirken gesellschaftliche Gesetze, die an das materielle Handeln der Menschen gebunden ist.
- Auftretende Bedürfnisse und Interessen der Menschen bilden den Bewegungsprozess gesellschaftlicher Gesetze.
- Im Prozess der gesellschaftlichen Arbeit entwickeln sich Bedürfnisse, die befriedigt werden wollen.
- Interesse ist eine handlungsorientierte Eigenschaft.
- Die gesellschaftliche Stellung widerspiegelt entsprechende Bedürfnisse.
- Die Befriedigung der Bedürfnisse wird durch den Lebensstandard sichtbar.
- Materielle Einheit der Welt bedeutet, alles Bestehende in der Natur ist in irgendeiner Weise mit allem anderen verbunden.
- Menschliche Gesellschaft ist ein Teil der objektiven Welt.
- Aufgabe ist das ausfindig machen von allgemeingültigen Gesetzen der menschlichen Gesellschaft.

9.1. Das Gesetz

Ein Gesetz stellt einen allgemeinen, wesentlichen und notwendigen Zusammenhang dar. Typisch dafür ist ein innewohnendes Ordnungsprinzip mit allen ihm zugrunde liegenden Beziehungen zwischen Dinger und Erscheinungen in der Natur und in der Gesellschaft. Die objektiv wirkenden Gesetze in der Natur und Gesellschaft, trotz einiger Unterschiede, besitzen auch gemeinsame Merkmale. Der historische Materialismus hat eine ganz klare Definition des Begriffs „Gesetz". Er sieht die objektiven, allgemeinen, wesentlichen und notwendigen Zusammenhänge unter bestimmten Bedingungen in wiederholenden und beständigen Erscheinungen und

Prozessen der objektiven Realität. Darunter wird eine Ordnung oder Aufeinanderfolge von Veränderung und Entwicklung verstanden. Ein Gesetz verkörpert die ganze Vielfalt von Erscheinungen, Dingen und ablaufenden Prozessen. Unzählig viele Ereignisse und Bedingungen sind miteinander verbunden. Ein innerliches, notwendiges Band oder Kette, welches ein komplexes Ganzes bildet. Eine Einheit aus den unterschiedlichsten gegensätzlichen Momenten, ein Gesamtbild von allgemeinen Zusammenhängen unter bestimmten Bedingungen. Ein Gesetz drückt ein Verhältnis von gegenseitigen Abhängigkeiten von Erscheinungen aus. Ändern sich deren Bedingungen, verändert sich auch das Verhältnis von Zusammenhängen. Das setzt bei der Erkennbarkeit von Gesetzen einiges voraus. Denn die inneren, notwendigen und wesentlichen Zusammenhänge in den Dingen und Prozessen der Wirklichkeit aufzudecken, ist keine einfache Aufgabe, da sie in den äußeren, zufälligen Erscheinungen verborgen sind. Wir haben es aber auch mit Zufällen zu tun. Spielt auf der Oberfläche der Zufall mit, liegt dem eine objektive Notwendigkeit zugrunde, die das Wesen, dass innere Band der Vielfalt von Zufällen bildet. „Die Zurückführung des Zufalls auf die Notwendigkeit, der Erscheinungen auf das Wesen, des Einzelnen auf das Allgemeine ist der Prozess des Aufdeckens der objektiven Gesetze, die die Bewegung und Entwicklung der Gesellschaft bestimmen."[12] Die Gesetze sind vom Willen, dem Bewusstsein und den Absichten der Menschen unabhängig. Und da die Gesellschaft objektiven Charakter besitzt, können die Menschen die Gesetze nicht willkürlich aufheben, verändern oder gar neue schaffen, wie sie es wollen. Sie können auch nicht das Denken und Handeln der Menschen bestimmen. Was sie aber können, das ist die Möglichkeit, sie zu erkennen und für ihre Zwecke zu nutzen.

Gesetze können nicht einfach mal so durch bloßes Denken und Wollen verändert werden. Es wird geprägt durch die objektiven Lebensbedingungen der Gesellschaft, in der sich der Mensch bewegt. Wir reden bei einem Gesetz von allgemeinen, wesentlichen und notwendigen Zusammenhängen. Der Allgemeinheitsgrad ist zwar bei den verschiedenen Gesetzen unterschiedlich, trotzdem gibt es Erscheinungen und Gegenstände, die eine Gemeinsamkeit in den wesentlichen notwendigen Beziehungen besitzen.

---

12 Herausgegeben von Nikolai Drjachlow, Ekkhard Lassow, Wladimir Rasin, Gottfried Stiehler: Kategorien des historischen Materialismus, Berlin: Dietz Verlag 1978, S. 340

Es sind wesentliche Zusammenhänge und Beziehungen, die in einem Gesetz zum Ausdruck kommen. Gesetz und Wesen sind zwei philosophische Kategorien, die Zusammenhänge der gleichen Ordnung widerspiegeln, ohne das sie vollständig übereinstimmen.[13] Keine Übereinstimmung ist vorhanden, wenn man das „Wesen" auf die Einzelerscheinung bezieht und das „Gesetz" auf „einen wesentlichen Zusammenhang vieler Erscheinungen oder einzelnen Seiten einer Erscheinung".[14] In Übereinstimmung stehen sie, wenn „sie die gegebene Erscheinung als spezifischen Zusammenhang der Elemente, aus denen sie sich aufbaut, Kennzeichnen".[15] Die Dialektik sieht alles als vermittelt und miteinander verbunden an, mit all ihren inneren und notwendigen Zusammenhängen zwischen dem scheinbar Widersprüchlichen. Was heißt das? Unter bestimmte Bedingungen wirken die ihr eigenen Gesetze trotz Gegensätzlichen mit Notwendigkeit. Zwischen den verschiedenen Erscheinungen und derselben Erscheinung stellen sich Beziehungen ihrer gegenseitigen Bedingtheit und Einheit als Bestandteile eines Ganzen her.[16] Einzelne Erscheinungen und ihre verschiedenen Seiten begrenzen sich einander wechselseitig.[17] Liegt eine Wiederholbarkeit der Verhältnisse unter Bedingungen gleichen Typs vor, können sie einen gesetzmäßigen als auch zufälligen Charakter tragen.[18]

Nun sieht jeder Mensch die Welt mit anderen Augen und empfindet sie auch anders. Das gilt besonders für die zwei gegensätzlichen philosophischen Richtungen zwischen Materialismus und Idealismus. Beide haben eine unterschiedliche Auslegung der Kategorie "Gesetz".

Idealismus
- Gesetz ist eine Form von Tätigkeit der Vernunft.
- Erkennt Wahrheiten aus dem Denken.
- Wäre ein Produkt des menschlichen Bewusstseins.
- Bewusstsein/Denken oder die absolute Idee werden primär eingeordnet.

---

13 Vgl. S. I. Gontscharuk, W. G. Winogradow: Gesetze der Gesellschaft und wissenschaftliche Voraussicht, Dietz Verlag Berlin 1974, S. 15
14 Ebd,. S. 15
15 Ebd., S. 15
16 Ebd., S. 15
17 Ebd., S. 16
18 Ebd., S. 16

Materialismus
- Unabhängig vom Bewusstsein.
- Sind der materiellen Welt eigen.
- Wird vom menschlichen Bewusstsein widergespiegelt.

Die uns umgebende Wirklichkeit sieht der Materialismus als Gesamtheit von wechselseitigen zusammenhängenden Systemen an, die nach bestimmten Gesetzen gestaltet sind, wirken und sich entwickeln. Die Welt ist und bleibt bewegende Materie, die sich in einer stetigen Veränderung, Umwandlung, einem Vergehen und Entstehen der verschiedensten materiellen Systeme vollzieht. Das ist der Grund, warum bei der Erkenntnis von Gesetzen immer ein Stück von Unvollständigkeit vorhanden ist.

9.2. Der objektive Charakter gesellschaftlicher Gesetze und ihr Tendenzcharakter

Der historischen Materialismus sieht das Wirken objektiver Gesetze in allen Bereichen des gesellschaftlichen Lebens. Das Besondere der Gesellschaft gegenüber der Natur ist die in ihr liegende Bewegung objektiver Gesetze, die nur durch menschliches Handeln zustande kommt. Gesetze der Gesellschaft können nur dort existieren, wo es Menschen gibt. Sie zeichnen sich durch ein Interesse und Bedürfnis geknüpftes zielorientiertes Handeln aus. Die Interessen und Bedürfnisse werden hier als Momente im ganzen Bewegungsprozess gesellschaftlicher Gesetze aufgefasst. Das schließt aus, dass die Bewegung der Gesetze durch menschliche Willkür ihren Anstoß findet. Schon alleine aus der gesellschaftlichen Stellung jedes Einzelnen, Gruppen, Klassen oder Schichten ergeben sich verschiedene Interessen. Hier wirken soziale Gesetze. Die subjektive menschliche Tätigkeit und die gesellschaftlichen Gesetze bilden eine widerspruchsvolle Einheit. Die Objektivität gesellschaftlicher Gesetze wird als ein allgemeines Verhältnis aufgefasst, wo viele einzelne Ereignisse und Bedingungen in einem innerlich notwendigen Band miteinander verbunden sind. [19]

---

19 Vgl. Herausgegeben von Nikolai Drjachlow, Ekkhard Lassow, Wladimir Rasin, Gottfried Stiehler: Kategorien des historischen Materialismus, Berlin: Dietz Verlag 1978, S. 341

Der Tendenzcharakter gesellschaftlicher Gesetze wird gekennzeichnet durch das Dasein dieser Gesetze. Er kommt zustande aus einem Zusammen- und Gegeneinanderwirken mehrerer Gesetze in der Gesellschaft, aus ihrer ganzen Komplexität. Damit steht fest, dass die Objektivität eines gesellschaftlichen Gesetzes, „nur aus der Gesamtheit der Bedingungen und Erscheinungsformen seines Wirkens, erschlossen werden kann".[20] Das schließt ein Wirken anderer Gesetze nicht aus. Objektiv ist das Korrelat von subjektiv. Das bedeutet, die Gesetze wirken objektiv und sind somit das Primäre. Das Bewusstsein spielt das ganze Materielle wieder und wird daher als sekundär angesehen. Das Positive dieser theoretischen Sichtweise liegt im Erkennen objektiv wirkender Gesetze, die als Richtschnur für ein Handeln im Sinne für das Wohl des Volkes eingesetzt werden. Es ist eine bewusste Gestaltung der Gesellschaft im Sinne des ganzen Gemeinschaftskörpers auf Grundlage der Erkennbarkeit der in ihr liegenden objektiven Gesetze. Man nutzt diese Gesetze für etwas Gutes.

Ideelle Faktoren können die Verhaltensweisen sozialer Kräfte mit ihren Absichten, Erfahrungen, ihren Einfluss und ihr Zweck sein. Hier unterliegt das Gesetz dem menschlichen Bewusstsein und kann nur im Einklang mit ihm geändert werden. Damit ist ein materieller und ideeller Teil erkennbar. Trotz des ideellen Teils bleibt in der Konsequenz das Gesetz unabhängig vom Bewusstsein, da es als Ausgangspunkt menschlichen Handelns und Erkennens gegeben ist.

Das gilt für jede Gesellschaftsform, da eine Gesellschaft ohne objektive Gesetze nicht lebensfähig wäre. Der Unterschied wäre, und das ist noch nicht bewiesen, in einer Gesellschaftsform, die auf Volkseigentum beruht. In ihr soll man in der Lage sein, die objektiven Gesetze zu erkennen und bewusst zu verwirklichen im Interesse des Gemeinwohls. Das betrifft alle Bereiche des gesellschaftlichen Lebens wie die Ökonomie, Politik, Kunst bis hin zur Wissenschaft und Ideologie. In all diesen Bereichen haben wir es mit Notwendigkeiten zu tun. Verändern können wir diese nicht, da es sich bei diesen Gesetzen um wesentliche und notwendige Zusammenhänge handelt, die zwischen und innerhalb dieser Lebensbereiche wirken. Wie kann man sie erkennen und daraus die richtigen Schlüsse für das weitere praktische Handeln ziehen.

---

20 Ebd., S. 342

Der objektive Charakter der gesell. Gesetze

… ist das Resultat einer äußerst großen Zahl von sich durchkreuzenden einzelnen Handlungen der Menschen.

Tatsache: Dieses Resultat ist eine objektiv die Richtung und den Gang der Ereignisse des gesellschaftlichen Lebens bestimmende Kraft, die objektiv real existiert. Auf der anderen Seite sind aber wiederum die Menschen an diesen Ereignissen beteiligt.

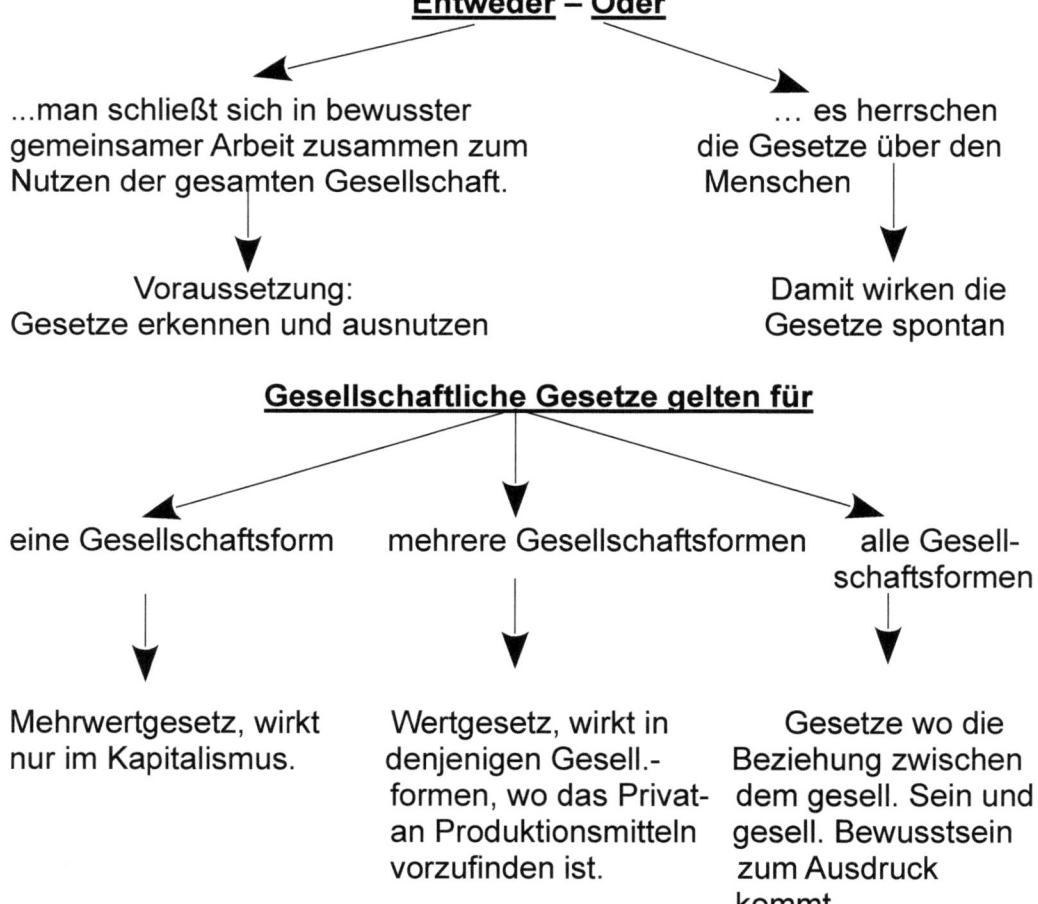

Entweder – Oder

...man schließt sich in bewusster gemeinsamer Arbeit zusammen zum Nutzen der gesamten Gesellschaft.

… es herrschen die Gesetze über den Menschen

Voraussetzung:
Gesetze erkennen und ausnutzen

Damit wirken die Gesetze spontan

Gesellschaftliche Gesetze gelten für

eine Gesellschaftsform

mehrere Gesellschaftsformen

alle Gesellschaftsformen

Mehrwertgesetz, wirkt nur im Kapitalismus.

Wertgesetz, wirkt in denjenigen Gesell.-formen, wo das Privat-an Produktionsmitteln vorzufinden ist.

Gesetze wo die Beziehung zwischen dem gesell. Sein und gesell. Bewusstsein zum Ausdruck kommt.

10. Der Unterschied zwischen Naturgesetzen und gesellschaftlichen Gesetzen

10.1. Natur

Natur und Gesellschaft bilden eine Einheit, unterscheiden sich jedoch qualitativ voneinander. Die Gesetze der Natur sind ein blind wirkender Naturprozess. Der Natur ist es egal, was der Mensch denkt oder in welcher Form er tätig wird. Naturprozesse laufen unabhängig vom menschlichen Bewusstsein ab. Die vier Jahreszeiten sind da und die wird es immer geben, ob wir es uns wünschen oder nicht. Die Natur unterliegt einem ständigen Entwicklungsprozess, wo immer neuere Formen entstehen und andere vergehen. Es ist ein ständiges Kommen und Gehen von der einen Qualität in eine höhere Qualität.

In einem langen Entwicklungsverlauf ist der Mensch aus der Natur entstanden, ein Meisterstück der Natur. So wie die Natur einem ständigen Entwicklungsprozess unterworfen ist, so trifft dasselbe auch für die menschliche Gesellschaft zu. In ihr liegt die Kraft, sie zielstrebig zu verändern und der Versuch, so gut wie es geht zu beherrschen. Das ist nur durch die menschliche Arbeit möglich. Der ständige Drang nach Einblick über die Dinge der Welt und in diesem Fall über die objektiven Gesetzmäßigkeiten in der Natur versetzt den Menschen in die komfortable Lage, die Natur für seine Zwecke auszunutzen, wenn die gewonnenen Erkenntnisse richtig angewendet werden. Es ist eine Wechselbeziehung zwischen Natur und der menschlichen Gesellschaft, die hervorgerufen wird durch den menschlichen Trieb, wo Bedürfnisse entstehen und diese befriedigt werden wollen.

In der menschlichen Gesellschaft vollzieht sich das Ganze über die Produktion, Technik, Wissenschaft und der Kunst. Es ist ein Prozess, wo die Natur durch den Eingriff des Menschen verändert wird. Eine Ausnutzung der Natur und ihrer Kräfte mit all ihren Reichtümern. Aber in welchem Rahmen vollzieht sich die Ausnutzung der Natur und welchen Kriterien ist sie unterworfen? Ist es zurückzuführen auf ein Profitstreben mit seinem hemmungslosen Raubbau an der Natur oder ist es eine vernunftgeleitete Ausnutzung der Naturressourcen zum Wohlergehen aller? In der Natur gibt es kein Sondereigentum, sondern nur Eigentum durch eine Besitznahme von Land und Boden durch den Menschen. Alles, was die Natur uns Menschen bietet, muss für alle Menschen zur Verfügung stehen und nicht nur einer kleinen Gruppe von Besitzenden. Der Raubbau an der Natur durch große Konzerne ließ den Umweltschutz aufkommen, wo viele Maßnahmen zum Schutze der Natur eingeleitet werden mussten. Durchgreifende Lösungen sucht man dabei vergebens. Man findet viele ideologische Utopien ohne Sachverstand, die dafür ein ganzes Land in den Ruin treiben. Klimaschutz ist wichtig, aber bitte mit Verstand und Maß.

10.2. Die Gesellschaft

In einer Gesellschaft wirken Gesetze die unabhängig vom menschlichen Bewusstsein existieren. Die Ursache für eine Entwicklung in der Gesellschaft ist in der Tätigkeit des Menschen zu finden. Sobald der Mensch anfängt tätig zu werden, beginnen gesellschaftliche Gesetze zu wirken. Dieser objektive Charakter von gesellschaftlichen Gesetzen ist das Ergebnis einer unzählig großen Zahl von sich durchkreuzenden Handlungen der Menschen. Es ist die Gesamtheit der sozialen Beziehungen der Menschen. Eine objektive Kraft, welche die Richtung und die damit hervorgerufenen Ereignisse des gesellschaftlichen Lebens bestimmen. Die Grundlage der menschlichen Gesellschaft liegt in der Eigenschaft des Menschen selber, was sie untereinander verbindet und letztendlich zu einer Gesellschaft zusammenschweißt. Die daraus entstehenden gesellschaftlichen Gesetze gilt es zu erkennen. Das ist aber nur möglich, wenn die Menschen sich in bewusster gemeinsamer Arbeit zusammenschließen zum Nutzen der gesamten Gesellschaft für alle seiner Mitglieder. Herrschen aber die Gesetze über den Menschen, wirken sie spontan und es wird behauptet, dass man vollkommen machtlos sei. Es sei deswegen noch einmal betont, dass trotz des objektiven Charakters gesellschaftlicher Gesetze, der Schöpfer gesellschaftlicher Gesetze der Mensch selber ist.

11. Die Auffassung vom naturgeschichtlichen Entwicklungsprozess der Gesellschaft

Der innerliche notwendige Zusammenhang zwischen den gesellschaftlichen Erscheinungen wird in der Theorie des historischen Materialismus wissenschaftlich artikuliert und ist deshalb in der Lage, die Entwicklung einer Gesellschaft als einen streng gesetzmäßigen Prozess erklären zu können. Man kann es als Handwerkszeug betrachten, welches die Möglichkeit einräumt, den Verlauf der Ereignisse und die Entwicklungsperspektive der menschlichen Gesellschaft wissenschaftlich recht nah vorauszusehen. Die menschliche Gesellschaft ist nun einmal nicht mechanisch. Wenn wir von Gesellschaft sprechen, so handelt es sich um Menschen, daher kann es nicht funktionieren, dass nach dem Willen der Obrigkeit beliebige Veränderungen vorgenommen werden können. Wenn dem so wäre, würde sich die menschliche Gesellschaft kaum entwickeln und nach vorne streben. Persönlichkeiten wie die großen Könige vergangener Zeiten haben alles versucht, ihren Willen und Machteinfluss in jedem Bereich des gesellschaftlichen Lebens durchzusetzen und die Gesellschaft nach ihren Wünschen zu formen. Die Ergebnisse sind jedem bekannt. Fakt ist, die Natur lässt sich nichts vorschreiben. Dasselbe gilt für die Gesetze einer menschlichen Gesellschaft. Da helfen auch keine Instanzen, die der Meinung sind, dass sie über den Dingen stehen und Gesetze diktieren, denen alle zu gehorchen haben. Ihnen geht jegliche Logik ab. Denn die Logik hat nur die Gesetze des Denkens, dass heißt Gesetzmäßigkeiten oder Grundsätze zum Gegenstand, nicht aber die Dinge selbst, über die wir nachdenken. Die Entwicklung der Gesellschaft ist ein naturgeschichtlicher Prozess, der einer stetigen Entwicklung unterworfen ist, wo Gesetze ablaufen die nicht vom Willen der Menschen abhängen, obwohl sich alles durch sie zusammensetzt. Die gesellschaftliche Entwicklung ist ebenso wie die Naturgeschichte ein objektiver und notwendiger fortschreitender Prozess, der durch Gesetze bestimmt wird, die objektiv real existieren. Allerdings gibt es zwischen dem Naturprozess und dem gesellschaftlichen Entwicklungsprozess einen wesentlichen Unterschied. Er ist das Werk der Menschen selber, wie vorab schon festgestellt worden ist. Die Menschen sind die Beweger ihrer Geschichte selbst. Soziale und politische Bewegungen sind notwendigerweise ein gesetzmäßiges Ergebnis von ökonomischen und politischen Entwicklungen unter den gegebenen Bedingungen, wo objektive Gesetze unabhängig vom Willen der Menschen existieren. Jedes Gesetz bringt notwendige Beziehungen zwischen Erscheinungen und Prozesse zum Ausdruck. In den Gesellschaftswissenschaften gilt das ebenso. Auch hier werden notwendige und stabile Zusammenhänge zwischen den sozialen Erscheinungen und Prozessen behandelt und untersucht. Das Einzelne und das Zufällige, welches an der Oberfläche des gesellschaftlichen Seins liegt, drückt ein Gesetz aus, ein gesellschaftliches Gesetz. Hier spielen sich allgemeine, wesentliche und notwendige innere Zusammenhänge von Erscheinungen und ihrer Wiederholbarkeit ab. Das eine gilt als Ursache und das andere tritt als Wirkung auf. Damit kommt die Bedingtheit der Erscheinungen zum Ausdruck. Es ist nun einmal so, dass im Verlaufe einer Entwicklung in einer Gesellschaft Wechselbeziehungen stattfinden, wo die Erscheinungen in einem gegebenen Zusammenhang als Wirkungen und danach als Ursachen auftreten und wieder zurückwirken, von der sie hervorgebracht werden.

An einem Beispiel wollen wir uns das näher anschauen. Blicken wir zurück in unserer Menschheitsgeschichte, finden wir Anfänge der Industrialisierung, die sich aus der feudalen Wirtschaft allmählich entwickelt hat. Es entwickelte sich ein ökonomisches Gesetz, wo die kapitalistische Produktionsweise ihren Anfang fand. Mit ihrem Entstehen sind zugleich auch gegensätzliche Klassen entstanden. In ihrer weiteren Entwicklung kamen Konflikte zwischen den heranreifenden Produktivkräften auf, die zu den überlebten Produktionsverhältnissen nicht mehr passten. Bei dieser Betrachtung ist festzustellen, dass bei einem solchen heranwachsenden Konflikt es vollkommen egal war, ob die damaligen Machthaber mit ihrer politischen Ausrichtung es wollten oder nicht, da früher oder später Umgestaltungen eintraten und gewaltige Veränderungen abliefen, denen sie machtlos gegenüber standen. Es sind objektive Gesetze, die unabhängig vom menschlichen Willen und Bewusstsein existieren. Sie bestimmen das Bewusstsein und die Tätigkeit der Menschen. Ein naturgeschichtlicher Prozess in einer vorhandenen ökonomischen Gesellschaftsformation. Was die sozialen Gesetze angeht, so sind sie verschieden aufgestellt, da sie in allen Gesellschaftsformationen wirken, andere wiederum nur, wo es verschiedene Klassen gibt und andere wiederum in nur einer Gesellschaftsformation. An diesem Beispiel handelt es sich um ein Gesetz von der bestimmenden Rolle der notwendigen Entwicklung der Produktivkräfte im Verhältnis zu den vorfindenden Produktionsverhältnissen.

Ein weiteres Gesetz wäre von der bestimmenden Rolle der Art und Weise wie produziert wird (Produktionsweise). Es prägt die Struktur und die Entwicklung der Gesellschaft. Werfen wir einen Blick in unsere heutige Zeit, so ist sie begleitet von Kämpfen der Menschen unterschiedlichster Art. Die Niederlegung der Arbeit durch Streik und der Kampf um höhere Löhne sind Erscheinungen, die unsere heutige Gesellschaft begleitet. Sollte es doch einmal dazu kommen, dass die Teilung der Klassen verschwindet, so verschwindet auch dieses Gesetz des Kampfes für mehr Gerechtigkeit einer Klasse. Geschichtlich betrachtet ist dies die Triebkraft unserer Geschichte. Die heutigen Soziologen, Historiker bis hin zum Politiker leugnen ein solches Gesetz, da es allgemeinen Charakter tragen würde. Es wäre ein Merkmal, was jedem Gesetz zugesprochen werden muss, da es allgemein gültig ist. So einfach ist das aber nicht. Diese Aussage ist zwar nicht ganz falsch, stimmt aber nur in soweit, wenn man dabei bewusst vergisst, dass auch die Allgemeinheit nicht gleich ist, sondern ebenfalls einen verschiedenen Charakter tragen kann. Die Biologie ist ein exzellentes Beispiel dafür. Die Gesetze der Biologie wirken nur dort, wo es auch Leben gibt. Auf der Venus, Mars, Jupiter oder der Sonne können diese Gesetze nicht wirken. Deshalb kann man doch nicht alle Gesetze einer Allgemeingültigkeit zuordnen. Gibt es zwei Klassen, wirkt das Gesetz, gibt es keine Klassen, wirkt es nicht. Das ist so einfach, dass es jeder verstehen kann.

Nun wird in der heutigen ideologischen Betrachtungsweise die Meinung vertreten, dass die Gesetze der freien Marktwirtschaft allgemeine, ewige und natürliche Gesetze seien, die in allen Entwicklungsstufen der Gesellschaft wirken. Man erklärt sie kurzerhand für allgemeingültig und auf alle Ewigkeit wirkend. Man kann es auch als Gesetz der Trägheit bezeichnen. Wenn eine Gesellschaftsordnung für ewig erklärt wird, so ist es im Prinzip eine unveränderliche Substanz, die keine Veränderung und Entwicklung erfährt. Die bisherige Geschichte der Menschheit, die nun einmal mit der Produktion zu tun hat, zeigt, dass die ökonomischen Gesetze keine ewige beharrenden Naturgesetze sind. Sie entstehen und verschwinden. Es geht hier um die richtige Aufstellung der Betrachtung. Diese liegt in der Zusammenfassung der Gesetze und Bedingungen der entsprechenden Gesellschaftsform. Jede historische Epoche hat ihre eigenen Gesetze. Es gibt aber nicht nur in den einzelnen ökonomischen Gesellschaftsformationen spezifische Gesetze für die jeweils betreffende Gesellschaftsform, sondern auch allgemeine soziologische Gesetze. Aus ihnen ergibt sich eine Kontinuität in der Entwicklung der menschlichen Gesellschaft. Was soll damit ausgedrückt werden? In den einzelnen ökonomischen Gesellschaftsformationen gibt es qualitative Unterschiede, wo gleichzeitig auch ein Zusammenhang und eine Einheit vorzufinden ist. Mit der Entwicklung der

Produktivkräfte und dem Wirken der allgemeinen soziologischen Gesetze wird dies bestimmt.

Schaut man sich den Begriff „gesellschaftliche Klassen" an, so handelt es sich um Menschengruppen. Doch worin unterscheiden sie sich? Der Unterschied liegt im Verhältnis zu den Produktionsmittel und der besonderen Stellung zu ihnen, die man im System der gesellschaftlichen Produktion einnimmt. Sicherlich können wir die Menschen auch nach Geschlecht, Haarfarbe, Wuchs, Hautfarbe, Bildung oder der Konfessionszugehörigkeit unterscheiden. Hier geht es aber um Menschen, die in einer bestimmten Volkswirtschaft leben und wirken, und da ist nun einmal das unterschiedliche Verhältnis zu den Produktionsmitteln charakteristisch.

Produktionsmittel sind Fabriken, Betriebe, Maschinen, Boden, Bodenschätze, Rohstoffe. Wer besitzt diese? Alle? Nein. Der größte Teil der Menschheit besitzt nichts davon. Mit Boden ist nicht die kleine Parzelle gemeint, wo das eigene Haus steht, was man abzahlt, abgezahlt oder vererbt bekommen hat. Man besitzt zwar ein Haus und ein Auto, aber keine Mittel, die zur Produktion dienen und dem arbeitenden als Kapital gegenübersteht. Es sind wissenschaftliche Kategorien. Sie widerspiegeln und erfassen die wesentlichen Seiten der Wirklichkeit und ermöglichen es, Prozesse besser und gründlicher zu verstehen. Richtige Begriffsinhalte sind wichtig, damit wir uns nicht irren. Sie sind Bestandteile der Wissenschaft und einer Aneignung von Wissen. Wissen ist sichere und klare Erkenntnis, um wahre Urteile fällen zu können. Man muss es dabei vermeiden, in Urteilen über die Wahrheit irgendwelche Vermutungen beizumischen. Da das Leben unendlich mannigfaltig ist und nicht auf einer Stufe stehen bleibt, wie man es heute gerne sieht, werden neben den vorhandenen Begriffen und Kategorien auch neue ausgearbeitet. Dies ist notwendig, um neue Erscheinungen und Prozesse widerspiegeln zu können.

Was sind aber nun die materiellen Ursachen einer bestimmten gesellschaftlichen Erscheinung? Was sind die materiellen Triebkräfte, die nicht nur die Beweggründe einer einzelnen Person bestimmen, sondern große Volksmassen in Bewegung setzten? Bei der Beantwortung dieser Fragen muss man sich erst Klarheit darüber verschaffen, welche Stellung die betreffende Volksmasse im System der Produktionsverhältnisse hat. Aus dieser Stellung heraus entwickelt sich ein bestimmtes gesellschaftliches Interesse. Interessen sind die Widerspiegelung der Bedürfnisse der Gesellschaft, einer Klasse oder eines einzelnen Menschen. Sie richten sich nach dem Inhalt ökonomischer und politischer Interessen. Die Interessen der Menschen sind objektiv bedingt durch ihre Lage in der Gesellschaft. Die Eigentumsformen spielen hierbei eine entscheidende Rolle.

Heute gibt man bestenfalls eine bloße Beschreibung von bestimmten Prozessen, eine Erklärung jedoch, die gibt es nie. Es sind nur Sammlungen von Tatsachen und keine Erkenntnisse von Gesetzen in einem historischen Prozesses. Man nennt es Subjektivismus. Er besitzt nicht das Vermögen, die Produktionsverhältnisse aus der Gesamtheit der gesellschaftlichen Beziehungen der Menschen untereinander herauszuheben. Die gesellschaftlichen Verhältnisse muss man auf die Produktionsverhältnisse zurückführen und diese wiederum auf den jeweiligen Stand der Produktivkräfte. Sie bestimmen die Produktionsverhältnisse, die wiederum die anderen gesellschaftlichen Verhältnisse mit den entsprechenden gesellschaftlichen Bewusstseinsformen widerspiegeln und bestimmen. Die Zukunft wird zeigen, in welcher Richtung das Ganze geht. Betrachtet der einzelne Mensch sein ganzes Leben von den jüngsten Jahren bis ins hohe Alter hin, so wird er feststellen können, das die Gesellschaft sich verändert hat. Das Bild, welches wir heute von einer Gesellschaft haben, sieht ganz anders aus, als vor 200, 300 oder 400 Jahren in unserer Menschheitsgeschichte. Es gibt heute noch Menschen, die in der Weimarer Republik geboren, den Nationalsozialismus kennen gelernt und die heutigen Erscheinungen dieser Gesellschaft mit all ihren Vorzügen genießen dürfen.

12. Der Mensch

Die Menschengeschichte ist, wie der Name es ausdrückt, an lebendige menschliche Individuen gebunden. Was auffällt, ist ihre Organisation und ihr Verhältnis zur übrigen Natur. Die Funktionsteilung zwischen den Armen und den Beinen führte sie allmählich zum aufrechten Gang. Die Hände entwickelten sich zum Arbeitsorgan. Die entwickelten Fertigkeiten der Hand sind das Produkt aus der menschlichen Arbeit. Durch immer wiederkehrende komplizierte Arbeitsoperationen erreichte die Hand des Menschen eine sehr hohe Stufe der Vervollkommnung. Der Mensch war jetzt in der Lage, Geräte feinster Technik herzustellen bis hin zu künstlerischen Ausdrucksformen.

Die Arbeit schuf im gewissen Sinne die Hand des Menschen.

Die Natur ist wie ein offenes Buch für die Menschen, man muss es nur lesen können. Die Menschen entdeckten immer mehr neue Dinge an den Naturgegenständen. Die Arbeit entwickelte sich und leitete den Übergang von der tierischen zur menschlichen Horde ein. Die Menschen erkannten die Notwendigkeit, sich gegenseitig zu Unterstützen und gemeinsame Tätigkeiten auszuführen. Es entwickelte sich daraus das Bedürfnis, den anderen Gesellschaftsmitgliedern etwas mitzuteilen, man hatte sich jetzt etwas zu sagen. In diesem ganzen Prozess der Auseinandersetzung der Natur entwickelte sich die Sprache und das menschliche Denken. Das war der Startschuss zur allmählichen Entwicklung des menschlichen Gehirns und seinem Bewusstsein. In einer menschlichen Gesellschaft haben wir es grundsätzlich mit irgendwelchen Gedanken zu tun, die in unseren Vorstellungen und Bildern zum Ausdruck kommt. Es ist eine lebendige Vorstellungskraft und Bildhaftigkeit des menschlichen Denkens und die Voraussetzung, erst einmal etwas wissen zu wollen. Die Anschaulichkeit der Vorstellungen lösen die Menschen in abstrakte Begriffe auf. Reflektieren, Urteilen und denken heißt Begriffe bilden und ordnen, indem man die sinnlichen Vorstellungen vergleicht und verallgemeinert. Dazu müssen wir sie fixieren. Das versuchen die Menschen über die Möglichkeit der Sprache.
Damit unterschied sich der Mensch vom Tier in der Art und Weise, wie er seine natürliche Umgebung für seine eigenen Zwecke zu gestalten versucht.
Das Tier ernährt sich von Stoffen, die ihm die natürliche Umgebung in fertiger Form liefert. Grundlegend anders gestaltet sich der Prozess beim Menschen. Er vervielfacht seine körperlichen und geistigen Kräfte, indem er zwischen sich und dem ihm benötigten Naturgegenstand ein Arbeitsmittel einschiebt, sozusagen eine künstliche Verlängerung der Hand. Mithilfe von Werkzeugen wirkt er aktiv auf die Naturgegenstände ein und verändert sie nach seinen Vorstellungen. Ein Machtmittel erblickt die Welt, geschaffen durch menschliche Arbeit. Jetzt kann er auf andere Dinge für seine Zwecke leichter einwirken. Er gestaltet aktiv seine Umwelt um. Es ist nicht unmittelbar der Arbeitsgegenstand, es ist das Arbeitsmittel, womit er

74

seine eigenen Leibesorgane verlängert, indem er es zu einem Organ macht. Ein bewusster, aktiver und zweckgerichteter Prozess, ein Produktionsprozess als Stoffwechselprozess zwischen Mensch und Natur. Das Tier bringt es höchstens zum Sammeln, der Mensch produziert aber jetzt, er stellt Lebensmittel her, die die Natur ohne ihn nicht produzieren kann. Durch die Herstellung und den Gebrauch von Arbeitsmitteln geht der Mensch von der biologischen zur sozialen Bewegungsform über. Es beginnen gesellschaftliche Gesetze zu wirken.

Beachte Folgendes:
1. Der Mensch ist nicht nur ein natürliches, sondern vor allem ein gesellschaftliches Produkt. Er ist das Ensemble der gesellschaftlichen Verhältnisse.
2. Es gibt keine metaphysische Trennung des Menschen in ein Wesen der Natur und in ein Wesen der Gesellschaft. Die gesellschaftliche Seite ist als dialektische Einheit zu begreifen, die bestimmende Seite, die auf die biologische einwirkt im Gegensatz zur metaphysischen Betrachtung, wo der Verstand nur eine der gegensätzlichen Bestimmungen erkennt.
3. Eine Unterscheidung erkennen zwischen dem Stoffwechselprozess der Gesellschaft und der Natur und dem tatsächlichen Stoffwechselprozess des menschlichen Organismus mit seiner Umwelt.

Die Produktion ist das Mittel überhaupt zur Befriedigung menschlicher Bedürfnisse. Es ist der Beginn der Geschichte der Menschheit, der Übergang vom Tierreich ins Reich der Gesellschaft. Mit dieser Tätigkeit verändert er nicht nur die Natur und seine Produktivkräfte, er verändert auch seine gesellschaftliche Form. Eine gesellschaftliche Form der Produktion und der Produktionsverhältnisse, welche die Entwicklung seines sozialen, politischen und geistigen Lebensprozesses bestimmt. Durch den Produktionsprozess entwickeln sich die Fähigkeiten und die Erfahrungen der Menschen.

12.1. Der Mensch – Übersicht

Logik: Ohne menschliche Individuen kann es keine Menschengeschichte geben.

Erster Tatbestand: Die Organisation der Menschen und das gegebene Verhältnis ist zur übrigen Natur zu sehen.

Die Funktionsteilung der Organe des Menschen
Arme und Beine: ...führen zum aufrechten Gang.
Einzelne Organe: ...spezialisieren sich auf bestimmte Funktionen.
Die Hände: ...werden zum Arbeitsorgan, welches das Produkt aus der Arbeit ist. Durch die ständige Wiederholung komplexer Arbeitsoperationen erreichen die Hände eine hohe Stufe der Vervollkommnung. Beispiele sind technische Geräte oder die Kunst.
Natur: An den Naturgegenständen entdeckt der Mensch immer mehr neue Seiten und Möglichkeiten.
Tier/Mensch: Dadurch entwickelt sich die Arbeit und der Mensch geht über von der tierischen zur menschlichen Horde. Das führt zu einer notwendigen gegenseitigen Unterstützung und einem Drang gemeinsamer Tätigkeiten.
Sprache und Denken: In dieser Auseinandersetzung mit der Natur entwickeln sich Sprache und Denken. Man hatte sich jetzt etwas etwas mitzuteilen.
Gehirn: Die Arbeit und die dadurch in Verbindung entstandene Sprache waren die Triebkraft zur allmählichen Entwicklung zum menschlichen Gehirn und demzufolge dem menschlichen Bewusstsein.
Mensch/Tier: Der Unterschied ist die Art und Weise, wie sie ihre natürliche Umgebung gestalten.

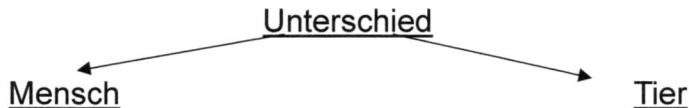

Der Mensch vervielfacht seine körperlichen und geistigen Kräfte, indem er zwischen sich und den von ihm benötigten Naturgegenständen Arbeitsmittel (künstliche Organe), vor allem Werkzeuge einschiebt. Damit wirkt er nicht direkt mit seinen Organen auf die Umwelt ein.
Das Tier ernährt sich von Stoffen, welches die natürliche Umgebung ihm in fertiger Form liefert. Das Tier bringt es höchstens zum Sammeln, der

Mensch produziert. Das Tier wirkt direkt mit seinen Organen auf die Umwelt ein.

Mit der bewussten Anwendung von Arbeitsmitteln wirkt er auf die Naturgegenstände ein und verändert sie. Es ist ein bewusster, aktiver und zweckgerichteter Prozess.

Merke: Der Produktionsprozess ist ein Stoffwechselprozess zwischen Mensch und Natur. Der Mensch wirkt auf die Natur ein, um Dinge zu produzieren, welches die Natur ihnen nicht liefert. Er stellt Lebensmittel her, welche die Natur ohne ihn nicht produzieren kann. Es beginnen gesellschaftliche Gesetze zu wirken.

Fazit: Damit ist eine Übertragung der Lebensgesetze der tierischen Gesellschaft auf die menschliche Gesellschaft unmöglich.

Gesellschaftlicher Prozess

Produktion: Die Produktion ist ein Mittel zur Befriedigung der menschlichen Bedürfnisse. Damit beginnt der Übergang vom Tierreich ins Reich der Gesellschaft.

Produktivkräfte (PK): Durch diese Tätigkeit verändert er nicht nur die Natur und seine Produktivkraft. Durch sie verändert er auch seine gesellschaftliche Form. Der Mensch ist die Hauptproduktivkraft, die alles in Bewegung setzt.

Gesellschaftliche Form: Diese sich entwickelnde gesellschaftliche Form der Produktion und den Produktionsverhältnissen (PV) bestimmt die Entwicklung des ganzen sozialen, politischen und geistigen Lebensprozesses der Menschen.

Produktionsprozess: Durch den Produktionsprozess entwickeln sich Fertigkeiten und Erfahrungen der Menschen.

Bestimmend für den Grad der Herrschaft des Menschen über die Natur und für die Entwicklung der gesellschaftlichen Verhältnisse ist der Entwicklungsstand und der Charakter der Produktivkräfte.

Entscheidend für den Charakter einer Geschichtsepoche ist nicht „Was" und „Wie" produziert wird, sondern „Womit" produziert wird". (Marx)

Beispiel: Getreide wurde schon immer angebaut. Was hat sich aber in den Zeitspannen grundlegend verändert? Es sind die Produktivkräfte, die Produzenten und ihre Arbeitsmittel. Damit ändern sich auch die gesellschaftlichen Verhältnisse. Wenn man einem Handwerker all seiner Werkzeuge beraubt, würde er das einfachste Werkzeug benutzen, was die Natur ihm bietet. Er wäre nicht in der Lage sofort einen Hammer oder eine Maschine zu bauen, sondern er würde zuerst jene Werkzeuge herstellen, die er für seine Arbeit und sein Leben braucht.

13. Die bewusste Tätigkeit des Menschen

13.1. Ihre historische Gesetzmäßigkeit

In der Geschichte der Menschheit liegt die Sache jedoch etwas anders, denn diese wird von den Menschen selber gemacht. Es ist ein wesentlicher Unterschied, ob man mit der Kenntnis der Entwicklungsgesetze einer Gesellschaft entsprechend handelt oder ob man blind durch die Zeit wandelt. Die Kenntnis der Gesetze der gesellschaftlichen Entwicklung und ihre Beherrschung gibt dem Menschen die Möglichkeit, die blinde Notwendigkeit in eine erkannte Notwendigkeit umzuwandeln. Bei einem Durchdringen dieser Gesetze ist es möglich, sie planmäßig zu bestimmten Zwecken einzusetzen. Das kann man durchaus als Freiheit ansehen. Die Freiheit des Willens ist nichts anderes als die Fähigkeit, mit Sachkenntnis entscheiden zu können. Je freier das Urteil eines Menschen auf einen bestimmten Fragepunkt ist, desto größer wird der Inhalt dieses Urteils für sein Wohl bestimmt sein. Beruht das Ganze aber auf Unkenntnis oder Unsicherheit, werden sie von dem Gegenstande dominiert, den sie gerade beherrschen wollen.

Freiheit = Erkenntnis der Naturnotwendigkeiten über uns selber und der Natur.
⟹ Damit ist sie notwendigerweise ein Produkt der geschichtlichen Entwicklung.
Das ist die Frage von Freiheit und Notwendigkeit.

Die Gesetze der Natur gelten im vollen Maße für die sozialen Gesetze und berührt das Verhältnis von Freiheit und Notwendigkeit im gesellschaftlichen Leben. Solange der Mensch nicht in der Lage ist, die sozialen Gesetze annähernd vollständig zu erkennen und ihnen zuwiderhandelt, wirken diese Gesetze als feindliche elementare Kräfte ihm gegenüber. Ist aber ihr Charakter, ihr Wirken und ihre Tendenz bekannt, kann der Mensch sie händeln. Dass heißt konkret, dass man die modernen Produktivkräfte auch planmäßig durch die Gesellschaft ausnutzten kann. Wenn nicht, hat man Wirtschaftskrisen, die für die heutige Gesellschaftsformation zum Wesen gehört. Die Bewegung der Produktivkräfte wird in Übereinstimmung mit den ökonomischen Gesetzen planmäßig von der Gesellschaft gelenkt. Hier kommt die Verwandlung der blinden Notwendigkeit in eine Freiheit zum Ausdruck.

Das klingt ja ganz gut, hat sich aber in der Praxis bisher noch nicht bestätigt, welches wieder auf Unkenntnis, Ungeduld und ideologischer Verbohrtheit zurückzuführen ist.

13.2. Ihre gesellschaftliche Tätigkeit

Die Existenz objektiver Gesetze im gesellschaftlichen Lebensprozess nachzuweisen ist sehr schwierig und stellt eine enorme Herausforderung dar, da es unzählige bewusste Einzelhandlungen bildet. Das geschichtliche Handeln der Menschen wird stets durch bestimmte objektive, von ihrem Willen und bewusstseinsunabhängige Bedingungen determiniert. Heute interpretiert man diese Tatsache falsch, indem man das Bewusstsein des Menschen als den Faktor begreift, der das Handeln der Menschen letztendlich bestimmt. Nach Marx heißt das konkret, dass die Menschen zwar ihre eigene Geschichte machen, aber es geschieht nicht aus freien oder selbst gewählten Stücken heraus. Es geschieht durch die unmittelbar vorgefundenen, gegebenen und überlieferten Umstände und durch die Tätigkeit früherer Generationen geschaffenen Produktivkräften und Produktionsverhältnissen, dass heißt den ökonomischen Bedingungen. Die objektiven Bedingungen bestimmen die Bedürfnisse und Interessen der verschiedenen Klassen und Schichten sowie die Entwicklungsrichtung ihres geschichtlichen Handelns. Indem die Menschen in einer bestimmten Weise und Richtung handeln, verändern sie ihre objektiven Existenzbedingungen.

An dieser Stelle sind wir bei den gesellschaftlichen Entwicklungsgesetzen angelangt. Sie sind innere, notwendige, relativ stabile, sich wiederholende Zusammenhänge in den verschiedenen Bereichen und Prozesse des gesellschaftlichen Lebens und zwischen ihnen. Zugleich sind sie Zusammenhänge zwischen den objektiven gesellschaftlichen Bedingungen, dem praktischen Handeln der Menschen und den Ergebnissen ihres historischen Handelns. Der gesetzmäßige Verlauf der Geschichte hat eine Besonderheit. Es sind Gesetze des geschichtlichen Handelns der Menschen, die sich keineswegs automatisch verwirklichen lassen. Sie entspringen aus der Tätigkeit des Menschen selbst. Unsere heutige Gesellschaft zeigt zunehmende Widersprüche. Diese haben einen objektiv gesetzmäßigen Charakter der gesellschaftlichen Entwicklung. Dass es bestimmte Kräfte gibt, die an der Erhaltung der bestehenden gesellschaftlichen Zustände interessiert sind, ist für jeden Menschen fühlbar. Daher wenden sie all ihre ökonomischen, politischen, ideologischen und militärischen Machtmittel an, um gegen die Gesetze des gesellschaftlichen Fortschritts wirksam zu werden. Die gesellschaftlichen Gesetze können aber weder willkürlich geschaffen noch abgeschafft werden. Sie wirken auf bestimmte objektive Bedingungen, solange diese Bedingungen vorhanden sind. Und solange es Menschen gibt, die Produktionsmittel besitzen, solange wirken auch die Gesetze der Ausbeutung und des Konkurrenzkampfes. Es gibt jene, die sich verkaufen müssen, um leben zu können und diejenigen, die von der Arbeit anderer Leben. Klingt nicht gut, ist aber gelebte Praxis die viele am eigene Leib spüren. Ihnen ist nur nicht bewusst, warum und weshalb. Keiner ist in der Lage Gesetze aufzuheben und auch keine Person oder Partei kann sie in Kraft setzen.

13.3. Freiheit und Notwendigkeit

Es besteht ein wechselseitiger Zusammenhang, welcher von der Tätigkeit der Menschen ausgeht. Jedoch ist hier die objektive Notwendigkeit gegenüber dem Willen und dem Bewusstsein das Primäre. Sind die Gesetze in der Natur und in der Gesellschaft nicht erkannt, setzen sie sich als blinde Notwendigkeit gegenüber den Menschen durch. Freiheit setzt die Erkenntnis der Notwendigkeit voraus. Oder anders ausgedrückt, die Einsicht in die Notwendigkeit bedeutet letzten Endes Freiheit. Freiheit ist die praktische Herrschaft der Menschen über die in der Natur geltenden Gesetze und in der Gesellschaft. Das bedeutet, dass das aktive praktische Handeln mit der Notwendigkeit übereinstimmen muss, um es zweckgerichtet nutzen zu können. Demzufolge ist Freiheit nicht unabhängig von der Notwendigkeit, den objektiven Gesetzen. Leider ist es bis zum heutigen Tage so, dass das Wort „Freiheit" für sämtliche Ideologien und politischen Richtungen entsprechend ihrem fest manifestierten politisch–ideologischen Geist missbraucht wird. Und das betrifft alle Gesellschaftsordnungen, die die Menschheit bisher erleben durfte.

Hat man sich die Kenntnis dieser Gesetze angeeignet, hat der Mensch die Möglichkeit, sie planmäßig zu bestimmten Zwecken wirken zu lassen. Freiheit des Willens ist hier die Fähigkeit, mit Sachkenntnis entscheiden zu können, was zum Wohl aller geschehen soll. Das heißt, dass die Notwendigkeit im sachkundigen praktischen Handeln der Menschen zu suchen ist. Damit hört sie nicht auf zu existieren und zu wirken, den Freiheit ist immer nur Freiheit in jenen Grenzen, die durch die Notwendigkeit gesetzt wird. Das setzt eine gute Bildung aller Gesellschaftsmitglieder voraus.

Die Freiheit ist ein Produkt der geschichtlichen Entwicklung. So wie die Menschen enorme Fortschritte in der Erkenntnis und der praktischen Ausnutzung der Naturgesetze machen, so wächst auch ihre Macht gegenüber der Natur, also ihre Freiheit. Es gibt auch nicht in jedem Moment nur eine Möglichkeit des Handelns, sondern unterschiedliche Möglichkeiten des Handelns und der Wahl der Wege und Mittel. Konkret heißt das, die Menschen sind nicht die Sklaven ihrer Umstände. Schaut man sich die heutige Gesellschaft an, so heißt das nicht, wenn man die Natur zunehmend beherrscht, dass auch zugleich eine zunehmende Freiheit für alle da ist, denn der Sinn unserer heutigen ökonomischen Gestalt ist die maximale Steigerung des Profits. Damit sind wir wieder beim Thema. Nicht die gesellschaftlichen Verhältnisse sollen die Menschen beherrschen, sondern die Menschen die gesellschaftlichen Verhältnisse.

13.4. Spontaneität und Bewusstsein in der menschlichen Geschichte

Reale Freiheit schließt das bewusste, planmäßige Handeln der Menschen ein. Die Voraussetzung ist jedoch, dass man die objektiven gesellschaftlichen Gesetze beherrscht. Historische Ereignisse, die einen notwendigen Entwicklungsgang präsentieren, erwachsen aus der Gesamtheit der ökonomischen und politischen Handlungen der Menschen. Auch wenn die

Handlungen bei bestimmten historischen Ereignissen von den Menschen bewusst auf eine bestimmte Absicht oder ein bestimmtes Ziel gerichtet ist, bedeutet das noch lange nicht, dass der gesellschaftliche Entwicklungsprozess in seiner Gesamtheit ebenfalls bewusst zielorientiert sein muss.

Durch das Privateigentum gibt es Interessengegensätze zwischen denen, die etwas besitzen und jenen, die nichts besitzen. Hier sind nicht das Haus oder das Auto gemeint, was man sein Eigentum nennen darf. Es gibt aber auch innerhalb der besitzenden Klasse etliche Gegensätze von Interessen. Daraus ergeben sich viele gegensätzliche Ziele und Aktionen, die sich einander durchkreuzen. Es sind Konflikte vieler Einzelwillen. Was jeder einzelne Will oder eine bestimmte Gruppe, wird von den anderen verhindert. Was dabei herauskommt, ist etwas, was keiner dann gewollt hat. Es sind die unzählig einander durchkreuzenden Kräfte, die zu solchen Resultaten führen. Sie wirken spontan. Das heißt, dass die Gesellschaftsgesetze sozusagen sich „hinter dem Rücken" der Menschen durchsetzen. In der heutigen ökonomischen Epoche wird dieser Widerspruch immer stärker zwischen der bewussten Organisation der Produktion der Monopole und zum anderen in der Anarchie und Planlosigkeit der Produktion im gesamtgesellschaftlichen Maßstab deutlich.

Eine bewusste Gestaltung des gesellschaftlichen Lebens ist bei solchen gesellschaftlichen Verhältnissen nicht planbar und beherrschbar. Schon aus der Tatsache heraus, dass es nicht nur ein Unterschied ist, ob ich meine Arbeitskraft verkaufen muss oder nicht, sondern auch aus den verschiedenen Interessen des Monopol- oder Finanzkapitals heraus. Beispiele dafür sind die Massenarbeitslosigkeit, die Krisen des kapitalistischen Finanzsystems sowie Handels-und Eroberungskriege. In dieser zyklischen Entwicklung der kapitalistischen Produktion wirken ökonomische Gesetze spontan, die als eine fremde und feindliche Macht zutage treten und die verschiedenen Gesellschaften beherrschen. Es gibt keine bewusste Gestaltung der gesamtgesellschaftlichen Entwicklung. Erkennt man diese objektiv wirkenden Gesetze, ergibt sich auch ein qualitativ neues Handeln der Menschen. Das spiegelt sich im Begriff „Bewusstheit" wider. Die im gesamtgesellschaftlichen Maßstab erreichten Resultate stimmen dann mit den gesamtgesellschaftlichen Zielen in vielem überein. Das ist Bewusstheit. Es ist nichts weiter, als die Gesetze ihres eigenen gesellschaftlichen Tuns durch angewandte Sachkenntnis zu erkennen und zu beherrschen.

Ist eine solche gesellschaftliche Entwicklung erreicht worden, haben die gesellschaftlichen Entwicklungsgesetze trotzdem noch objektiven Charakter.

Der Geschichtsprozess hat zwar hier keinen spontanen Charakter, aber er vollzieht sich weiterhin als naturgeschichtlicher Prozess. Die Wirkung der Gesetze ergeben sich aus den objektiven Bedingungen, insbesondere aus dem jeweiligen Entwicklungsstand der Produktivkräfte und der Produktionsverhältnisse. Man muss die Ursachen, die ein bestimmtes geschichtliches Handeln der Menschen in Bewegung setzt und die Wirkungen, die sie herbeiführen, erkennen und bewusst realisieren. Dann würde es für alle in die richtige Richtung gehen.

13.5. Tätigkeit und Bewusstsein

Wir haben bis hierher kennengelernt, dass das Bewusstsein eine wesentliche und notwendige Seite der praktischen Lebenstätigkeit der Menschen darstellt. Bewusstsein hat etwas mit sozialer Aktivität zu tun. Die soziale Aktivität von Menschen lässt ganz bestimmte gesellschaftliche Verhältnisse entstehen, die für unsere Betrachtung in Bezug auf Tätigkeit und Bewusstsein von außerordentlicher Bedeutung ist. Eine bewusste praktische gesellschaftliche Tätigkeit bewirkt politische Auseinandersetzungen, die in den sozialen Aktivitäten des Volkes, Klassen und Persönlichkeiten zu finden sind. Die Menschen machen ihre Geschichte selbst durch ihre materielle und geistige Tätigkeit und stehen damit im Gegensatz zur Naturgeschichte. Es ist im wahrsten Sinne des Wortes die Bewegung der Gesellschaft.

In der idealistischen Anschauung betrachtet man die aktive Natur des Geistes als einzige Quelle der menschlichen Tätigkeit.[21] Einfache gesellschaftliche Zusammenhänge sind für das gesellschaftliche Leben von entscheidender Bedeutung. Eine Gesellschaft entwickelt sich in einem konkret-historischen Moment, welches in seiner gesamten Entwicklung als Geschichte der Menschheit angesehen werden kann. Wir kommen auch nicht umhin, so sehr wir uns Bemühen, die Arbeit als allgemeine Quelle der gesellschaftlichen Verhältnisse anzuerkennen. Arbeit ist menschliche Tätigkeit, die in der Gesamtbetrachtung, die gesamte gesellschaftliche Tä-

---

21 Vgl. Werner Müller / Dieter Uhl g (Hg.): Gesellschaft und Bewußtsein, Dietz Verlag Berlin 1980, S. 86

tigkeit mit ihrem gesellschaftliche Bewusstsein zum Vorschein bringt. Die menschliche Geschichte ist geprägt von vielen verschiedenen qualitativen Stufen, die wir mit dem Begriff ökonomische Gesellschaftsformation bestimmen. Damit richtet sich unser Blick auf die verschiedenen Stufen der gesellschaftlichen Produktion. Es wird dem Materialismus immer untergeschoben, dass die materielle Produktion die materielle Grundlage des Lebens und der Entwicklung der Gesellschaft sei. Doch die Produktion besteht nicht nur aus der materiellen Produktion schlechthin. Somit wird ein weiterer gedanklicher Schritt gemacht, indem wir die Produktion als gesellschaftliche Produktion definieren. Dies erklärt sich aus der Tatsache, da die Produktion ein gesellschaftlicher Lebensprozess ist und eben nicht nur die materielle Produktion umfasst, sondern ebenfalls die geistige Produktion der Menschen in einer Gesellschaft. Die gesellschaftliche Produktion erfasst die Gesamtheit der Entwicklung des gesellschaftlichen Lebens der Menschen und wird daher als Einheit von materiellen und geistigen Leben in der sozialen Realität verstanden.[22] Die Produktion und Reproduktion der materiellen Bedingungen bildet die Grundlage dieser Einheit und wird aus diesem Grund gesellschaftliche Produktion genannt. Die soziale Struktur einer Gesellschaft gibt uns eine relativ genaue Kennzeichnung der materiellen und geistigen Produktion und deren Verhältnis zueinander.

Worin liegt nun der Unterschied zwischen gesellschaftlicher Produktion und gesellschaftlicher Tätigkeit? Die *gesellschaftliche Produktion* bildet sich im historischen Entwicklungsprozess als eine Einheit von materieller und geistiger Produktion heraus. Die *gesellschaftliche Tätigkeit* ist entsprechend ihren objektiven Bedingungen stets eine historisch-konkrete Einheit von praktischer und geistiger Tätigkeit. Bei der Frage, wie in einem historischen Prozess der gesellschaftlichen Tätigkeit das Bewusstsein als ein besonderes Produkt hervorgebracht wird, muss von den Produktionsverhältnissen ausgegangen werden. Eine Tatsache, die den heutigen Ideologen überhaupt nicht schmeckt. Die Entwicklung des gesellschaftlichen Bewusstseins ist kein glatter Prozess, sondern ein äußerst in Widersprüchen entwickelnder Verlauf. Die Entwicklung des Bewusstseins steht grundsätzlich immer im Zusammenhang mit der Arbeitstätigkeit der Menschen. Darunter ist die gegenständliche Tätigkeit als Herstellung materiel-

---

22 Vgl. Werner Müller / Dieter Uhlig (Hg.): Gesellschaft und Bewußtsein, Dietz Verlag Berlin 1980, S. 92

ler Güter zu verstehen und die materielle Produktion, wo alle anderen Arten der sozialen Praxis, wie einer Veränderung und Umgestaltung der gesellschaftlichen Verhältnisse inbegriffen ist. In der gegenständlichen Tätigkeit wirkt das Subjekt auf die Umwelt und verändert sich damit zugleich. Im Zuge einer solchen Tätigkeit verändert sich zwangsläufig auch der Mensch selbst. Diese Veränderung des Menschen durch sein praktisches Handeln bewirkt eine Veränderung seines Bewusstseins. Es ist nichts anderes als eine bewusste vorgenommene Tätigkeit.

Diese Aussage wird heute in ein bloßes Herdenbewusstsein ausgelegt. Schaut man sich den ideologischen und geistigen Zustand vieler Mitbürger heute an, so ist es ihnen abgewöhnt worden, politisch zu denken und zu fühlen, denn das besorgen die Medien, wie sie zu denken und zu fühlen haben. Man zwingt uns viel Fremdes auf und erklärt deshalb, dass in der Mannigfaltigkeit der Einschläge der Reiz einer Kultur läge. Besserwisserei ist überall anzutreffen, die am Ende nichts zustande bringt, da Besserwisserei eben nichts mit wissen zu tun hat und auch den Verstand nicht lehrt. Für solch einen Zustand ist jahrelang strukturell und ideologisch hingearbeitet worden. Unser Blick in unsere Vergangenheit, das heißt die Welt, wo wir herkommen, wird verfälscht und unwahre Tatsachen werden in den Vordergrund gerückt. Unser Blick in die Gegenwart, das heißt in die Welt, in der wir leben, wird von düsteren Prognosen, Untergangsstimmung und Kriegslüsternheit begleitet. Da kann sich jeder halbwegs intelligente Mensch ausmalen, wie der Blick in die Zukunft bei den Menschen aussieht. Der Blick in die Zukunft ist ein Blick in eine Welt, in der wir mal leben wollen. Es hat sich heute in der westlichen Welt ein gesellschaftliches Bewusstsein herausgebildet, welches gekennzeichnet ist von Widersprüchen zwischen individuellen und gesellschaftlichen Interessen. Es ist unbestritten, dass jene, die die Mittel zur materiellen Produktion besitzen und damit zur Verfügung haben, entsprechend ihren Interessen auch disponieren. Es herrscht ein bürgerliches Bewusstsein, welches entsprechend der kapitalistischen Eigentumsform sich ausdrückt. Hier kann sich jeder einmal Fragen, nach welchem Interesse der Staat errichtet wurde? Ist es ein Staat im Interesse der besitzenden Klasse und der Beamten oder im Interesse des Volkes? Es gilt doch der Grundsatz, „Gleichheit ist für alle da". Es gibt doch Grundsätze des Gemeinwohls und der Gleichheit aller. Es wird den Profiten der Konzerne und Großeigentümer mehr Gewicht beigelegt als auf das Leben der Menschen und dessen Existenz. Das Recht auf ein gutes Leben wird dem Recht des Eigentums untergeordnet. Freiheit bedeutet auch, dass es eine Grenze gibt im Recht des Nächsten, damit das Leben in ordentlichen Bahnen verläuft. Warum wird dasselbe Prinzip nicht auf das Eigentum an Produktionsmittel angewendet? Wieso muss es unbedingt notwendig sein, dass Bedarfsgüter als eine gewöhnliche Handelsware betrachtet werden. Das tägliche Leben zeigt uns diese Realität.

13.6. Der notwendige geschichtliche Untergang der DDR

Es wird immer wieder versucht, die DDR in irgendeiner Form darzustellen, als wenn die jetzige westliche Politik die Weisheit mit Löffeln gefressen hätte. Immer wieder hört man, dass der Sozialismus und Kommunismus zu allem unfähig wären. Es wäre ein Unrechtsstaat, ein Polizeistaat, keine Freiheit, man muss zur Arbeit gezwungen werden und viele andere Dinge. Es muss an dieser Stelle ganz klar danach gefragt werden und gesagt werden, woher man solche Weisheiten hat. Ein Staatsgefüge, welches sich Sozialismus und Kommunismus nennen darf, gab es in dieser Welt bis zum heutigen Tag noch nicht. Die DDR hatte keinen Sozialismus. Sie war in einer sogenannten demokratischen Übergangsphase, da sie sich nicht voraussetzungslos aus der deutschen Geschichte entwickelt hat. Zudem hieß es in der DDR „Vorwärts zum Sozialismus". Dieser Spruch spricht für sich.

Nun ist es heute für viele absolut nicht mehr nachvollziehbar, da es einige Staaten und Führer in der Geschichte gab, die sich sozialistisch und kommunistisch nannten. Also muss es demzufolge auch einen Sozialismus und Kommunismus gegeben haben. Die vielen Experten, Gelehrte und sonstige Wortakrobaten reden in ungebrochener Weise davon. All diese haben alles oder vieles in ihren Leben zu tun gehabt, nur nicht etwas mit Sozialismus oder Kommunismus.

Die DDR selber ist das geschichtliche Resultat des Untergangs des Nationalsozialismus mit seiner antijüdischen, antirussischen und seiner Reichspolitik ohne Raum gewesen. Zwei deutsche Staaten bildeten dann eine Zeit lang die politische und ideologische Struktur in Europa. Wie die politischen Aktivitäten beider deutscher Staaten ausgesehen haben, ist hinlänglich bekannt. Ebenso war der Untergang der DDR ein geschichtlich notwendiger Prozess. Man machte schon den dritten Schritt, bevor man noch nicht einmal den ersten getan hatte. Es ist unmöglich, die objektiven Gesetzmäßigkeiten einfach überspringen zu wollen und eine Gesellschaft nach eigenen Willen und Vorstellungen zu prägen. Es muss sich aus den gegebenen Bedingungen von selbst entwickeln, und das braucht Zeit. Viel Zeit. Es nützt nichts, wenn die Entwicklung von Produktivkräften propagiert wird und letztendlich nicht in der Lage war, die gesellschaftlich wirkenden Gesetze auch nur Ansatzweise zu dieser Zeit zu erkennen.

Das ist aber nur die eine Seite der Medaille. Die andere Seite ist das gesellschaftliche Bewusstsein. Es läuft den ablaufenden Gesetzen in beständiger Form hinterher. Mit der Brechstange wurde versucht, die Massen auf Linie der politischen Marschrichtung zu bringen. Das ist erst einmal nicht ganz falsch, jedoch muss es mit Verstand und Geduld ablaufen. Des bedarf allerdings einer guten Bildung der Menschen. Welchem Staat nützt allerdings eine gute Bildung, wenn die Wirklichkeit den ideologischen vorgegeben politischen und wirtschaftlichen Parolen nicht entspricht. Genau hierin liegt heute wieder das Hauptproblem unseres Landes, Europas und der westlichen Welt. Es werden wieder dieselben Fehler gemacht wie in der DDR. Das heißt, man ist geistig nicht in der Lage, die gesellschaftlichen Wirkungen aufgrund einer vorhandenen Struktur zu erfassen. Ein schleichender Wohlstandsverlust ist die Folge. Ein weiteres Problem stellt die schlechte oder ungenügende Bildung der Menschen dar.

Erich Honecker war gelernter Dachdecker und saß im Konzentrationslager der Nationalsozialisten. Das hat ihn maßgeblich geprägt. Doch reicht das aus, ein Volk zu führen und einen Staat zu repräsentieren? Er leitete 1971 die Einheit von Wirtschafts- und Sozialpolitik ein, wo sozialpolitsche Vorleistungen das Primat darstellten. Im Gegensatz zu Walter Ulbricht, der wirtschaftspolitisch einen anderen Blick hatte. Er sah den Schwerpunkt erst in der Wirtschaftspolitik. Er strebte ein neues ökonomisches System an, wo Elemente der Marktwirtschaft im Entwicklungsprozess eine wesentliche Rolle spielen sollten. So ähnlich könnte man China heute in dieser Entwicklung betrachten. Das hätte der DDR einen anderen ökonomischen Schub gegeben, abgesehen von der Sanktionspolitik des Westens. Wer nicht nach westlichem ideologischen Muster agiert, wird gnadenlos mit Sanktionen belegt. Diese Tradition wird bis in die heutige Zeit stupide fortgesetzt.

Schauen wir uns die Arbeitsbiografien und die Bildungsabschlüsse der meisten Politiker heute an, sind parallelen zur DDR erkennbar. Zumindest hat uns der bisherige Ablauf der Menschengeschichte das gelehrt. Anhand dieser Tatsache ist eine Tendenz erkennbar, welche Richtung die gesellschaftliche Entwicklung nehmen wird. Das ist der glänzende Beweis, dass die Theorie des historischen Materialismus kein Hirngespinst ist.

14. Nachwort

Schaut man sich die alten Philosophen an, so war ihre Naturauffassung materialistisch geprägt. Der Materialismus lässt sich bis zu den alten griechischen Philosophen zurückführen. Was das gesellschaftliche Gebiet betrifft, bleiben sie allerdings Idealisten. Das ideelle Motiv des gesellschaftlichen Handelns war der Gegenstand schlechthin in ihrer Betrachtungsweise. Es wurde nicht nachgefragt, wodurch die Motive der Menschen hervorgerufen werden. In der heutigen politischen Welt treten Fragen der Moral und ideologischer Engstirnigkeit in den Vordergrund. Die politisch zugeschnittene Propaganda, die unter dem Schein einer Analyse der Lebensprobleme der Menschen, dem Kult des Einzelgängers, dem nichts an die Gesellschaft bindet, bis hin zur Kriegshysterie in einer Dauerschleife präsentiert wird, zeigt deren Unfähigkeit wirkliche Probleme lösen zu können.. Man hört, liest und sieht nichts Optimistisches und nichts Ermutigendes. Suggeriert wird Hass auf Teile des eigenen Volkes und Länder, die nicht den westlichen, politischen und ideologischen Vorstellungen entsprechen. Diese Windbeutel besudeln ganze Teile des Volkes. Es ist eine Tragödie des Seins. Man verliert beim täglichen Konsum dieser Medien die Freude an der Erkenntnis und fruchtbarer menschlicher Tätigkeit. Das eigene Dasein wird zur tragischen Sinnlosigkeit erhoben. Ein weiteres beängstigendes Merkmal ist die "Politik der Stärke". Mit dieser "Politik der Stärke" wird verkündet, dass mithilfe von Gewalt und Willkür nach Belieben Landkarten verändert und Gesellschaftsgefüge nach ihren Vorstellungen umgestaltet werden dürfen. Auf den Nenner gebracht, ist es eine Politik die auf Aggression und Krieg basiert. Es ist die freie Welt, die sich alles anmaßt. Alle Wetteifern, um alles zu kritisieren und zu widerlegen, was nicht in den eigenen ideologisch geprägten Gehirnkasten passt. Experten und sogenannte Spezialisten schießen wie Pilze aus dem Boden. Man weiß alles und man kann alles. Es gibt nichts Gemeinsames mehr. Der Bundestag, die Kommentare vieler Politiker und die Bildungsabschlüsse vieler Politiker sind ein lebendiges Zeugnis einer heruntergekommenen Kultur der Sprache und des Denkens. Sind die Zeiten etwas stürmischer, versprechen sie dem Volk alles zu ihren Gunsten zu ändern und umzugestalten. In der Zeit der Ruhe, sind sie gegen jede Reform. Erzählen die Politiker, man muss handeln, fangen sie an, nur zu schwatzen. Beraten sie, erklären sie uns, man müsse sofort handeln. Ihr Streben, das Schlechte zu verhüten, ist für diese Riege immer ein Grund, dass Schlechte zu vermehren. Es wird auf eine Analyse der Grundprobleme des gesellschaftlichen Seins verzichtet, da man es nicht kann. Alles wird künstlich in kleinste Teilprozesse des gesellschaftlichen Lebens zerlegt, ohne tiefgreifende Schlüsse zu ziehen. Jede Kritik an den Erscheinungen des gesellschaftlichen Lebens wird vermieden. Reale Widersprüche der kapitalistischen Welt werden ignoriert. In beständiger Art und Weise wird das Bewusstsein der Menschen dermaßen beeinflusst, damit sich bei vielen die Kriegsbegeisterung einnistet. Das Bestehende wird anders interpretiert, als die reale Wirklichkeit. Es wird keine Gelegenheit ausgelassen, die sogenannte freie und demokratische Welt zu rechtfertigen und als ewig darzustellen. Objektive Wahrheiten und die Gesetze spielen eine untergeordnete Rolle. Dabei schwören Politiker auf das Grundgesetz, alles Mögliche zu tun, was in ihren Kräften steht, um Schaden vom Volke abzuhalten. Zudem muss alles getan werden, um das Monopolkapital und seine schreiende Anhängerschaft dazu zu bringen, die Auseinandersetzung auf ökonomischer Ebene auszutragen, den Profite lassen sich nur realisieren in einer Welt ohne Atomkrieg.

Das Grundgesetz, welch geniale Verfassung. Laut Artikel 56 des Grundgesetzes heißt es: **„Ich schwöre, dass ich meine Kraft dem Wohle des deutschen Volkes widmen, seinen Nutzen mehren, Schaden von ihm wenden, das Grundgesetz und die Gesetze des Bundes wahren und verteidigen, meine Pflichten gewissenhaft erfüllen und Gerechtigkeit gegen jedermann üben werde. So wahr mir Gott helfe."** Beginnt der politische Alltag, hat man den Amtseid schnell vergessen und man kann mit Deutschland nichts mehr anfangen. Der Sinn sämtlicher Geschichtsforschung liegt in der subjektiven Deutung vom Gesichtspunkt des gegenwärtigen Tages, welches ein Hinterherlaufen der Ereignisse veranlasst. Es geht auch nicht darum, ob ein Politiker von einer Sache überzeugt ist, sondern um die Übel in der Gesellschaft aus der Welt zu schaffen. Das ist ihre

Aufgabe. Politiker ist man nicht zum Selbstzweck, sondern ist vom Volke berufen und hat in dessen Interesse zu handeln. Die westliche Welt rückt man in den Rang der Allgemeingültigkeit und Ewigkeit. Ist dies das Gesetz der Trägheit?

Literaturverzeichnis

David G. Myers: Psychologie, 3. Auflage, 2014, Springer-Verlag Berlin Heidelberg 2004, 2008, 2014

Deutsche Zeitschrift für Philosophie, 10 – 11, 22. Jahrgang 1974, VEB Deutscher Verlag der Wissenschaften Berlin

Herausgegeben von Nikolai Drjachlow, Ekkhard Lassow, Wladimir Rasin, Gottfried Stiehler: Kategorien des historischen Materialismus, Dietz Verlag Berlin 1978

Kleines politisches Wörterbuch, 7. vollständig überarbeitete Auflage, Dietz Verlag Berlin 1988

S.I Gontscharuk, W.G. Winogradow: Gesetze der Gesellschaft und wissenschaftliche Voraussicht, Dietz Verlag Berlin 1974

Werner Müller/Dieter Uhlig (Hg.): Gesellschaft und Bewußtsein, Dietz Verlag Berlin 1980

https://de.wikipedia.org/wiki/Verm%C3%B6gen der r%C3%B6misch-katholischen Kirche

Bisher erschienen

Karsten Demant: Exzerpt über Cicero´s drei Bücher „Von den Pflichten", BoD -Books on Demand, Norderstedt 2021

Karsten Demant: Exzerpt über Schillers Antrittsvorlesung an der Universität in Jena 1789, BoD – Books on Demand, Norderstedt 2012 (ebook)

Karsten Demant: Montesquieu und seine Staatstheorie im Geist der Gesetze – Mit einen kleinen Exkurs der Gewaltenteilungslehre, BoD Books on Demand, Norderstedt 2021

Karsten Demant: Allgemeine Wirtschaftsgeschichte, Fünf Exzerpte über „Die Arbeit als Grundbedingung des menschlichen Lebens", BoD – Books on Demand 2022

Karsten Demant: Kleiner Ratgeber für Studienanfänger, BoD – Books on Demand 2022

Karsten Demant: René Descartes Cogito ergo sum, Ausarbeitungen seiner philosophischen Werke, BoD – Books on Demand 2023